JN335171

世界が日本のことを考えている

3.11後の文明を問う——17賢人のメッセージ

17 Messages from the World Intellectuals

編◆共同通信社取材班
解説◆加藤典洋

太郎次郎社エディタス

はじめに

世界は3・11を忘れない

2011年3月11日を日本人は忘れない。日本人は皆、被災地、被災者の惨状を知り「わたしに何かできることはないか」と問いかけただろう。

われわれ国際情勢を追う共同通信の記者たちも「記者として何ができるのか」と問い、そして始めたのが世界の知識人たちへの連載インタビュー企画「3・11 文明を問う」だった。世界がこの大震災をどう見ているのか、日本は何をすべきかについて伝えることは、大震災の衝撃で軸を失った感のある日本に、ヒントになるのではないか。そんな思いからだ。

正直いって、遠い外国に住む人々に、日本のこの未曽有の悲劇がどこまで分かるのか、とのさめた気持ちもあった。だが東日本大震災から2カ月後の5月、インタビューを世界中の政治家、知識人、文化人たちと始めると、東日本大震災は世界史的な事態として位置付けられていることがよく分かった。だれもがこの大震災をフォローし、人類に与える意味を探っていた。知識人はつねに時代に正面から向き合っているのだ。

考えてみれば、巨大な自然災害は定期的に地球のどこかを襲っているし、気候変動が進むなかで、自然災害の脅威をどこの国の住民も身近に感じる。原子力依存から脱却すべきか、それとも成長を支える有力なエネルギー源としてとらえるべきかは、世界共通の課題だ。そうした問題を突きつけた3・11を世界は忘れないだろう。

インタビューのテーマは自然と人間、原子力、科学技術、近代化、文化の役割、国家権力の統治、宗教と人間、文明のあり方、そして日本の将来と、多岐にわたった。議論されている内容は、東日本大震災を出発点に、人間は何に幸福を見出して生きていくべきか、という普遍的、哲学的なテーマに発展した。

東日本大震災を知り、長期滞在中だった米カリフォルニア州から日本に戻り、震災が浮き彫りにした原子力や、日本の政治社会の問題について積極的に発言している評論家の加藤典洋さんに、世界から集めた識者の言葉を読んでもらい、日本人として何を受け止め、どう行動していくか、の論考をお願いした。

このインタビュー企画は、奥野知秀共同通信前編集局長の指示で始まり、2011年6月中旬から10月中旬にわたって毎週1回、共同通信加盟社に配信した。会田弘継編集委員室長、渡辺陽介外信部長の全面的な支援を受け、編集は八谷敏弘外信部次長とわたしが担当した。ここに収めたのはあらためて識者から書籍化の許可を得たうえで、配信記事に大幅に加筆したもので、インタビューにあたった記者たちの思いも付記した。なお、識者、聞き手側の肩書きはインタビュー当時のものとした。

わたしは被災地を訪れるたびに、言葉で記事を書く仕事に携わりながら、現場のすさまじさに息をのみ、「言葉が出てこない」という無力感を何度か味わった。世界の視点を紹介することで、東日本大震災後を考え生きていく、日本の論議に新しい「言葉」を与えることができれば、われわれは「記者としてできること」を少しやれたのではないか、と思う。

杉田弘毅
［共同通信社編集委員］

目次✦✦✦世界が日本のことを考えている

＊本文写真は断りのないかぎりは共同通信社提供

ミャンマーのヤンゴンで
サイクロン被害の復旧作業に追われる住民
［2008・5・8撮影］［ロイター］

人は自分自身を救わねばなりません

ミャンマー・僧侶
ウ・ブニャ・サラ／アシン・バラ・サミ／ウ・パニャ・シリ

3人とも20歳で僧侶となり、ミャンマー宗教省の「法師」として仏法を教える資格を認められている。

ウ・ブニャ・サラ
［シリ・ザヤル・カティゴン僧院院長］
U Vunna Sara
1947年生まれ。

アシン・バラ・サミ
〔シュエ・フォン・ピン僧院長〕
Asin Vara Sami
1966年生まれ。

ウ・パニャ・シリ
〔シリ・ザヤル・カティゴン僧院住職〕
U Panna Siri
1975年生まれ。

2008年5月、ミャンマーを巨大サイクロンが直撃した。死者・行方不明者は約14万人。救援活動の核となったのは、深い敬意の対象である僧侶たちだった。日本ではこの巨大サイクロンも僧侶たちの救援活動もあまり知られていないが、東日本大震災に襲われた日本に僧侶たちは何かを語ってくれるのではないか、と現地を訪ねた。「大災害を生き延びたわれわれもこの世を去らねばならないときが来ます。だからこそ、なくしたもののことばかり考えず、現在に意識を置き人生を築いていかねばならないのです」。いまだ深い傷を抱えるミャンマー南西部デルタ地帯の被災地で、人々を支え続ける3人の僧侶、ウ・ブニャ・サラ、アシン・バラ・サミ、ウ・パニャ・シリが東日本大震災の被災者を思い、語った。

無数の遺体

――サイクロンの被害の様子を教えてください。

「経験したことがない暴風雨でした。午後9時頃、川のほうから水が押し寄せ、あっという間に腰の高さまで水が上がってきたのです。避難してきた人々と共に、僧院の2階に避難しました。強い風で僧院の屋根は吹き飛んでしまいました。嵐の夜が明けると、信じ難い光景が広がっていました。一面の海となった田や増水した川に無数の遺体や家畜の死骸が浮き、生き残った人々はぼうぜんとしていました」〔ウ・ブニャ・サラ〕

２００８年5月2日夜から3日にかけ、ミャンマーの最大都市ヤンゴンや南西部エヤワディ管区のイラワジ川大デルタ地帯などを大型サイクロンが直撃した。住民によると、暴風雨により海水が川を伝い、津波のように町や村を襲った。死者・行方不明者は約14万人、被災者は約２４０万人。被災遺児は数千人から数万人いると見られる。国連食糧農業機関（ＦＡＯ）は、マングローブ伐採と乱開発が、被害を拡大したとの報告を発表した。

未曽有の災害にも当時の軍事政権は治安を最優先して国際支援団体の活動を許可せず、被災地報道をする記者や国内の他地域からの支援者の一部を「秩序を乱す行為」として逮捕した。孤立した村々の支援には、僧侶らを中心に地域内で生き残った人々が向かった。軍が神経をとがらせた理由の一つには、被災地となったデルタ地帯には独立を求め軍政と敵対する少数民族が多いことがあるといわれる。地元記者らは「援助を理由に外国人にデルタ地帯への立ち入りを許せば、少数民族を刺激する、と軍政は考えていた」と指摘している。国際支援団体が活動を展開できるようになるのは数カ月たってからだった。

◆◆◆

「頼りはヤンゴン市民が陸路や水路で送ってくる援助物資でした。これをボートに積んで、40以上の村々に届けて回りました。わたしが4日の間に口にしたのはインスタントコーヒーぐらいで、寝食を忘れ活動しました。僧侶というより人として、未曾有の災害のときを共に歩みたかったのです」〔ウ・パニャ・シリ〕

「川は死臭に満ちていました。遺体のほかバッファローなどの家畜、鳥、魚の死体がいたるところに浮いていて、ボートの行く手を阻みました。デルタ地帯は穀倉地帯です。収穫期だったため、川の両側に広がる田には農民たちが小屋を作って寝泊まりしていました。そうした人々は皆、津波のように襲ってきた川の水にのまれてしまったのでした」〔ウ・パニャ・シリ〕

「川に倒れかかった木の枝に、5歳の姪の遺体が引っ掛かっているのを見つけました。けれども個人的な悲しみに浸っている暇はありません。だれもが家族を亡くした深い悲しみのなかにいたからです。生きている人々を助けること、それがわれわれ僧侶の責務だったのです。

母親に『あの子は逝ってしまった。その事実を受け入れなさい』と告げました。おびただしい遺体に埋葬地が足りず、葬儀をしようにも僧侶が足りない状態でした。遺体の腕と腕を結び、川から海へと流したのです。もちろん埋葬するのがもっとも良い方法ですが、仕方がありません。仏教では許されないことではありません」［ウ・パニャ・シリ］

「あるとき、ヤンゴンから援助物資を届けてきた11台のトラックの運転手とボランティアを当局が拘束しました。『被災者を助けるための物資だ。拘束するのならわたしを撃ってからにしなさい』。わたしは怒って叫びました」［ウ・パニャ・シリ］

◆◆◆

僧侶らによると、被災地の各寺院は当初、現地を回り、遺児を引き取ることを申し合わせたが、軍事政権は「人身売買の予防」として子どもたちを移動させることを禁じた。だが、経済的に困窮した親たちや、子どもたちの窮状を見かねた人たちが僧院に子どもたちを連れてくるケースが増大した。孤児たちの生活費は、すべて市民の寄付でまかなわれているが十分ではなく、一時は結核の流行の兆候もあった。子どもたちは2年ほどの間、笑顔を見せず被災した夜のことも話さなかったという。

◆◆◆

災害は人間が生む

――日本では東日本大震災が起きましたが、世界各地で洪水や竜巻などの大きな災害が発生し、大勢が被災しています。人類は災害を克服できるでしょうか。

「50年前と比べ、人間と自然の質は低下しました。人は物欲が深まり、利己的になり、互いへの思いやりを忘れ、道徳心をなくしてしまったのです。こうしたことが結果的に自然を破壊し、気候変動や新たな疫病の流行につながっているのです。災害を生み出すのは人間なのです。われわれは考え方を変えなければならないときに来ています。巨大な自然の力である大災害はこのことに気づかせてくれるのです」〔ウ・ブニャ・サラ〕

「日本人は、車はエンジンをかければいつでも走るものだと思っているのではないですか。ガソリンが切れたり、予測がつかない故障が発生することは普段、忘れられているのではないでしょうか。人生では、すべてをなくしたり、予測外のことが起こることがいつでもありえるということに、心の準備をしておくべきです。執着心を捨て、厳しい状況に耐えることができる精神を養うことを普段から実践することが必要です」〔アシン・バラ・サミ〕

「物質主義を発展させるのであれば、心と精神も鍛えなければなりません。そうでなければ破滅に向かうことになります。心はとても重要なものです。物質主義への過度の依存は危険です」［アシン・バラ・サミ］

——科学技術は人を幸せにできるのでしょうか。

「人間は科学技術を発展させ、利益を得ることができます。だがそれには良い面ばかりでなく、悪い面もあることを忘れてはいけません。

私たちは『老い』と『死』から逃れることはできません。天界に住む者たちさえ死ぬのです。永遠に存在するものなどありません。ミャンマー人であろうが、日本人であろうが、動物であろうが、この点は平等です。科学が貢献できるのは、生まれてから死ぬまでの間の人生においてであり、老いと死を止めることはできないのです。これを心にとどめておくべきです。先進国は、自分たちの技術は絶対であるとおごり高ぶり、科学を過信してしまいました。福島の原子力発電の事故もその結果だといえます。そもそもなぜ、原子力発電がそれほど必要なものであるのか、わたしには分かりませんが」［ウ・ブニャ・サラ］

「人と科学、自然は、互いにもたれ合っています。その関係はバランスが保たれたものでなければなりません」［アシン・バラ・サミ］

まだ死の時ではない

——東日本大震災でも、愛する家族や財産をなくし失意の底にいる人たちが大勢います。

「定められた以外のときに死ぬことは難しいものです。わたしは人々にこう言っています。あなた方は今、生きており死の時はまだ来ていない。亡くした人、失ったもののことばかり考えて暮らすことに意味はない、と。

われわれは大災害を生き延びました。しかし、それでも年を取り、いつかこの世を去らねばならないときが来ます。そのときがいつ、どのように来るのかを予測することはできません。だからこそ、精神と心を育てることで人生を豊かにし、死の時が来るまで課されたことを精一杯やり、人生を歩んで行かねばならないのです」〔ウ・ブニャ・サラ〕

——宗教は絶望する人々を果たして救えるのでしょうか。

「宗教は言葉だけではなく、行動が伴ってこそ意味を持つのです。善は言葉だけでなく行動を伴って達せられると仏陀はいっています。わたしは僧侶という仕事で奉仕することで、自分自身を救い、心の平安を得ているのです」〔ウ・パニャ・シリ〕

「あのサイクロンから3年たった今も人々は、喪失の痛みから抜け出せていません。われわれは心と身体を制御できるよう瞑想の方法を教えています。苦しみは過去と未来にばかり思いを置くことから生まれるのです。瞑想では、苦しみに意識を集中させるのではなく、生命活動の基本である自分の呼吸に意識を集中させます。心をさまよわせず、現在の自分に集中することを習得するのです。これにより、苦しみを完全に忘れることはできませんが、軽減できるようになります。苦痛もまた、永遠ではありません。これが自分を変えるもっともよい方法なのです。

人は自分自身を救わねばなりません。自分を救うのは自分以外にはないのです。神でもほかの人でもなく、自分自身なのです」［ウ・プニャ・サラ］

「僧侶の仕事は、精神的な痛みを軽減する手助けをすることです。人は、過去の苦しみをすべて忘れてしまうことはできません。現実を受け入れて現在を生き、道徳を守って生きていくことは人生を歩んでいくうえでとても大切なことです。これができれば結果的に亡くなった子どもたちを救うことになると、ある母親に話したことがあります」［アシン・バラ・サミ］

「四無量心を忘れてはいけません。すなわち、他人に喜びを与えること、他人の苦しみを取り除こうとすること、他人の喜びを自分の喜びとすること、そして一切の人々に分け隔てなく接し、あらゆる怨みを捨てること。これを皆が実践できれば、世界が平和になるはずです」〔ウ・ブニャ・サラ〕

◆◆◆

ミャンマーでは僧侶が政治に影響力を持つ。2007年8月、軍事政権がガソリンなどの価格を大幅に引き上げたことに端を発し、最大都市ヤンゴンなどで市民が抗議行動を起こした。9月中旬、僧侶たちが各地で「祈りの行進」を展開した。これに人々が参加、ヤンゴンで10万人規模の反軍政デモに発展した。9月下旬、ヤンゴンでの集会を阻止するため、軍政は実力行使し、治安部隊がデモ隊に発砲した。日本人映像ジャーナリストの長井健司さんは、このときに射殺された。中部マンダレーのある高僧は「馬鹿な指導者によって国が衰退しているのは国民が賢くないからだ。公正と正義を実現する政府はただでは手に入らない。われわれは賢くなければならない」と述べ、民主主義は自らつくり上げるものだと諭した。

◆◆◆

――アジア人、特に日本人は我慢強さで知られています。我慢は良い結果を生むでしょうか。

「人々がする我慢は、指導者が優れている場合は意味がありますが、そうでない場合は良い結果をもたらしません。仏陀は、変わることが良いとも悪いともいっていません。しかし、政府が『民主主義』としているものが真の民主主義ではなく、すべての人のために好ましい状況になるのであれば、変えるための行動は必要でしょう」［ウ・ブニャ・サラ］

［聞き手：舟越美夏記者、写真も］

インタビューを終えて

東日本大震災後、ミャンマーの最大都市ヤンゴンに住む友人がメールをくれた。

「テレビで見た自分の父と同じくらいの男性が、配給の列に並んでいる姿が忘れられない。送るお金はないが、瞑想をして被災した一人ひとりの苦しみを考え、祈った」

少なからず衝撃だった。ミャンマーが巨大サイクロンの直撃を受け、おびただしい人々が死亡した当時、被災地の一人ひとりの苦しみに思いを馳せた日本人はどれだけいただろうか。

日本人だけではない。ミャンマーは大災害に見舞われながらも、世界から孤立し、ほとんど関心を払われなかった。軍事政権が報道を厳しく制限したせいでもある。

それにもかかわらず他者の苦しみ、それも自国よりも物質的にはるかに豊かな国に住む人々の苦しみに思いをめぐらすことができるのは、なぜなのだろう。

それにしても途上国での惨事は、先進国でのそれに比べなんと軽んじられることか。電気や水道が行き届いておらず、株式市場もコンクリートの高い建物もない国には文明がなく、人々は悲しみや苦痛を先進国の人間ほど深刻に受け止めない、とでも考えられているかのようだ。

災害から3年が経過したミャンマーの被災地は、ゆっくりとした回復の途上にあった。3人の子どもを濁流にのまれ、精神に支障をきたした30代の女性がいた。僧院で暮らす災害遺児たちは夜になると時折、目に涙をためた。喪失の痛みを忘れようと飲酒にふける人たちがいた。

被災者を思う歌も詩も文学も編まれなかった。軍政のもと、貧困や苦しみは存在しないことになっていたから、被災者の苦しみを取り上げることはできなかったのだ。

この厳しい社会で人々を支えてきたのが、僧侶たちである。

訪れた3カ所の被災地で、僧侶たちは何時間も話をしてくれた。何を聞いても即座に、穏やかに答えが返ってきた。説くことが職業とはいえ、その言葉はどれも長い間反芻され、体の一部になっているようだった。

あなたを救えるのは神でもなく、ほかのだれでもないあなた自身なのだ——。突き放したようにも聞こえる言葉は、内なる自分と向き合うことの重要さを説いていた。平安は自らの内にあり、苦痛から解放されるためには自分自身に向き合う以外ないのだ、と。

デルタの小さな村を訪れていたときのことだ。突然、風が吹いて辺りが暗くなり、滞在していた僧院の屋根を激しい雨が打ち始めた。僧院をつぶすかと思われるほどの雨音と、帰途に乗る小舟の揺れのことが頭をかすめ、わたしは自分の心臓の音が聞こえるほど動揺した。

僧侶は電気がない薄暗い部屋の中で顔色も口調も変えず、ただ、雨音でかき消されないように声を高くして話し続けた。「心のあり方こそが重要なのです。心を制御できるようになりなさい」。

日本よ、泣かないでください

韓国・詩人
鄭浩承

Chung Hosung

1950年、韓国慶尚南道河東郡に生まれ、大邱市で育つ。
慶熙大大学院国文学科卒。
73年、『大韓日報』新春文芸に詩「膽星台」が入選。
76年、崇実高国語教師、79年、第1詩集『悲しみが喜びに』出版。
81年、東亜日報出版局勤務、85年、朝鮮日報出版局、91年、同退社。
89年に第3回素月詩文学賞、97年、第10回東西文学賞受賞。

鄭浩承(チョン・ホスン)さんは多くの韓国人に愛されている詩人だ。彼の詩はたくさんの教科書に掲載され、多くの歌手が歌にしている。1970年代から急激な経済発展を遂げた韓国社会の「陰」を、愛情を込めた悲しくも温かい視線で静かに描き出し、人々の共感を呼び起こした。東日本大震災が起きると、「日本よ、泣かないでください」という詩を発表した。その理由は津波の被害を受けた日本人の涙を「わたしの涙」と感じたからだと言う。

詩人の役割

――震災直後に「日本よ、泣かないでください」という詩を発表した動機は何ですか。

「韓国の新聞社から執筆依頼を受けた直後に『日本よ、泣かないでください』という題名が浮かびました。もちろん、日本は、経済大国だし、国家として強国ですが、そんなことより、津波の災難を受けた個人個人の涙が、わたし自身の涙、わたしの隣にいる人の涙と感じ、そのことを書きたくなりました。

なぜなら、詩人の役割の一つは、わたし自身が自分の涙をちゃんとぬぐうことができなくても、ほかの人の涙を拭いてあげることだと思ったからです。それなら、韓国の詩人が、韓国という枠組みの中に閉じ込められていることはないはずです。

わたしが幼いときにラジオで、絶望から希望を探す番組がありました。その冒頭に流れた言葉がいまだに忘れられません。それは『地震で壊れた地にも花は咲き、地震で壊れた地にも清らかな水は流れる』というものです。ラジオを聞きながら寝るのですが、その言葉は忘れることができませんでした。それで、詩を書こうと、題名を決めた瞬間、その言葉が思い浮かんだのです。

わたしの詩の中に『地震で崩れた地にも花は咲き／津波で倒れた海岸にも鷗は飛びます』という部分があります。絶望し、希望を失っては駄目だということを伝えたかったのです。苦痛というものは、わたしたちがどう見るのかによって異なるのではないでしょうか。苦痛はある人には苦痛になりますが、ほかの見方をすれば苦痛が希望の種になることもあります」

◆◆◆

鄭さんは韓国の文学者、朴婉緒（パク・ワンソ）さん（1931～2011年）のエピソードを引きながら、東日本大震災の被災者の苦痛についてコラムも発表した。朴さんは朝鮮戦争を経験し、ソウル五輪が開かれた1988年に夫を肺がんで亡くし、3カ月後にはソウル大医学部を卒業した息子を交通事故で亡くした。「どのように苦痛を克服したのか？」と雑誌記者に質問された朴さんは「克服したのではなく、ただ耐えただけです」と答えたという。

◆◆◆

――「苦痛」をどのように考えますか。

「朴婉緒さんは3カ月間に夫と息子を見送るという苦痛を経験しながら、他者の苦痛に対する深い理解は並外れたものでした。朴婉緒さんの言葉にわたしは大きな感銘を受けました。

ふつうは、克服する対象として苦痛を考えます。ところが、苦痛は克服できる対象ではありません。われわれは絶対者の前で限りなく弱い存在であり、苦痛を我慢し、耐えるしかありません。たぶん、今回の日本の大地震に見る日本人の姿は、克服しようとする姿よりは、耐えていく姿の象徴ではないかという発見をしたのです。

克服と耐えることには違いがあるのではないでしょうか。克服しようとすればもっとたいへんで、苦痛に満ちたものになるのではないでしょうか。克服しようとすれば、どこかに到達しなくてはならない。しかし、『耐える』ことには到達点はなく、忍耐の力さえあればよい。そして、耐えるために人間が依拠できるのは『時間』と『絶対者』ではないかと思います。

耐えることは放棄や受動的なものではないと考えます。耐えることは、ある意味ではもっと大きいものです。克服しようとすれば簡単に挫折する可能性があり、途中で放棄することになるかもしれません。だが、耐えることはより恒久的であり、持続的です。より長期的で、ある意味では積極的な態度ではないかと思います。

テレビ画面で東日本大震災の、津波を受けた多くの人々の耐える姿を見ました。家財道具を整理する姿を見ても、想像を絶するような災難のあとの姿ではなく、あたかも引っ越しでもするような様子でした。それはまさに、耐えている姿に見えたのです。

また、耐える姿勢のなかには余裕があります。耐えるなかには平穏もありえますが、克服は闘争的です。朴婉緒先生がいらっしゃれば、その映像に自分自身の苦痛とつなげて共感を抱かれるのではないかと思いました」

――あなたはカトリック信者ですが、それはカトリック的な考えなのでしょうか。

「わたしはカトリックですが、カトリック信仰であれ、仏教的信仰であれ、人間は本質的に弱い存在です。人間は生まれながら宗教的存在だと思います。この大震災が21世紀という時代にどういう意味を持つのか、単純な自然災害ではなく、絶対者がそういう質問の弓矢をわれわれに投げかけたのではないかと考えたのです」

他国の苦しみではない

――韓国人でありながら日本の被災を自らのことと感じたのですか。

「テレビの画面を見て驚きました。想像もできない状況を見ながら、ほかの人のことや、ほかの国の国の苦痛のようには思えませんでした。わたし自身だけでなく、大部分の韓国人がそう感じたと思います。日本で起きたことと思うよりは、まさに自分自身の問題だと感じ、その苦痛をすぐに感じました。韓国で募金しようという声が起こったのは、表面的には『日本を助けよう』ということでしたが、心の中では自分自身のことだと感じたから助けようとしたのだと思います。他人のことではないと考えたのです。

２００４年にインド洋でも津波があり、20数万人以上が亡くなりました。数の上では今度の被害より多かったのですが、日本の地震で感じた『わたし自身のこと』という感じはそう強くはありませんでした。なぜそうなのか自分でも分かりません。

インドネシアの災害報道にも、津波に人々がのみ込まれる映像があり、それを見ながら苦痛は感じましたが、どこか少し客観的な視線を持っていました。でも、日本の地震ではそうではない。なぜ、日本の大地震や津波については自分自身のことのように切迫感を持って感じるのだろうか。それは深く考えなければならない問題だと思います」

――震災下、黙々と生きる日本人について海外では驚きもありました。

「日本の法隆寺は非常に古い樹齢の木で建てられました。その木は長い年月を耐えてきたので、法隆寺の木材として新たな生命を受けたのではないでしょうか。日本の震災も、日本という民族の価値、人類共通の価値という観点から見て、未来への希望を考える契機となったのではないでしょうか。

韓国人には、自分の感情を表出する民族性があります。今回、被災者の人たちを見ながら、民族性の違いを感じました。良いとか悪いとかという次元でなく、お互いの民族性の違いが明確になったという感じを受けました。飲料水を分けたり、石を取り除いて被災者の寝る場所を確保したりするのは韓国であればもっと早かっただろうと思います。日本の場合はずいぶん遅いのに、それでもじっと待っています。韓国ならなぜこんなに遅いのか、いつまでわれわれを放置するのかと集団の力を発揮するだろうに、日本人はかなり違います。

わたしたちはそんな二つの異なった民族性を持っているのですが、お互いが、もっと相手に似なければなりません。韓国人は他者への配慮、忍耐の力を学ばねばなりません。日本人は、そこにあるマイナス面、今すぐ食べるもの、飲むものがないなら、どんなことをしても供給するという積極的な行動力が必要ではないでしょうか」

「韓国にも他者への配慮がないわけではありませんが、日本に比べれば不足しています。それは秩序を守るためというよりは、ほかの人に対する配慮や理解が日本の民族性では顕著だということです。それは人間性において本質的なものだと思います。それを映像を通して世界の多くの人が見て、感銘を受けたのです。人類共同体としての志向点を発見したともいえるかもしれません。国家の利益のため戦争をして争うが、人類が究極的に到達しなければならない点は、お互いに分かち合い、配慮し、理解し合うことだということです。飲み水一杯を、おにぎり一つを分かち合って食べる姿を見て感じたのは、そのことではないでしょうか」

「また、『日本も同じだ』と同質感も感じました。たぶん、その同質感のために、わたしも、他人のことではなく、自分自身のことだと感じ、今も韓国のニュースで当時の画面が出ると、黒い波が襲ってくる場面を見れば、それは日本で起きた他人の苦痛とは感じず、驚愕します。見るたびに驚きます」

成熟した関係へ

日本の植民地支配を受けた韓国の人々の対日観は依然厳しい。だが、今回の大震災で、すさまじい被害を受けた日本人を見て韓国の人々は心から同情した。大震災後の「日本は一つ」という雰囲気に新たなナショナリズムを感じないかという質問にも、鄭さんは「そうは考えない。軍国化に進むならそれは退歩だ。日本は退歩するほど愚かではない」と言いきった。

「韓国では戦争、貧しさ、革命などの過程を経ながら、他者への分かち合いや配慮より、自分の生存を守る意味が大きかった。特に朝鮮戦争という戦争があり、今も韓国の最大の不幸は『分断』です。日本はわれわれとは異なり、自国内での戦争や分断、貧しさ、そういうことを感じず、世界的な富と安全と秩序を備えた生活をしていると韓国人は考えていまった。ところが、今回の大地震を見ながら、そういう考えは多分に象徴的な考えにすぎないと思ったのです。日本人の暮らしと韓国人の暮らしは質的に違うのではないかと思っていましたが、大災害の前で人間の暮らしは同じであり、人間の絶望も同じだという同質感、苦痛の同質性、そういうものを韓国人が感じたのです。じっとしていては駄目だと感じ、それで自発的な動きが出たのです。だれがやれと言って、そんなことをしますか」

――関東大震災では在日朝鮮人が毒をまいたというデマが流れ、多くの人が犠牲になりましたが、阪神大地震でも、東日本大地震でもそういうことはありませんでした。日本社会がそういう面では成熟した面があるのでは。

「お互いが、相当に成熟しました。お互いに理解が深まり、幅が広がったのではないでしょうか。関東大震災と今回の大震災は別の問題です。歴史的にも別のものだし、それを連関して考える韓国人もいませんでした。わたしがそうした歴史的なことを知らないわけでありませんし、（関東大震災について）韓国人の立場から悔しいという気持ちはあっても、今日の大地震とはまったく別の問題です。なぜ関連づけされなかったのでしょうか。起こったこと自体が異なり、時代が異なり、お互いが成熟しており、今回の事件はわれわれ自身のこと、自分自身のことと受け止めたからだと思います」

――大地震で日本は一つというような声が強まっていますが、日本に新たなナショナリズムが起きる可能性は感じませんか。

「わたしはそうは考えません。すでに世界全体が成熟しており、日本国民がお互いを愛し一つになろうというのは望ましいことです。日本にも地域性の問題があり、差別がありながら、その地域性を打破し、お互いを理解しようとするなら、それは望ましいことです。それが軍国化に向かうとはまったく考えません。すでに、時代は、全体的な民主秩序、自由へ向かっています。万一、それが軍国化する方向で一つになろうということであるなら、それは日本の退歩です。日本は退歩するほど愚かではない。お互いを愛するために一つになり、日本国民が愛情を分かち合うために一つになろうとするものであり、それはよいことです。日本が国家的な不幸を通じて一つになり、お互いが愛し合い、平和を分かち合う姿を見れば、われわれにも、他の国にも影響を与えます」

［聞き手：平井久志編集委員、写真：金民熙ソウル支局写真記者］

インタビューを終えて

２０１１年3月11日、東日本大震災が起きると、韓国の『中央日報』は翌12日付で「日本沈没」と報じた。しかし、これには韓国の人たちの間からも批判が起きた。

震災後にソウルを訪れたとき、道の行く手にある人が立って記者を待っていた。近づいてみると、旧知の韓国新聞協会の人だった。彼は「このたびは大災難に遭われてたいへんでした」と頭を下げた。「いや、怖かったですが、東京の被害はそれほどではなかったので」と答えたが、韓国の一般の人がこれほど日本のことを気にかけてくれているのだと実感した。街角では若者たちが日本への支援を訴える募金活動を展開していた。おそらく、初めて韓国の人々が心から日本を助けようと思ったときだったと思う。

『中央日報』は「日本沈没」と報じたが、3月16日付で詩人高銀（コ・ウン）の手紙を、同17日付で鄭浩承さんの詩「日本よ、泣かないでください」を、同23日付には文貞姫（ムン・ジョンヒ）の「日本よ、寂しがらないで」を掲載した。

記者が鄭浩承さんと会ったのは日本専門家である曹良旭（チョ・ヤンウク）さんの紹介だった。10年ぐらい前に、鄭浩承さん、𦣪さん、友人の韓国人記者などで北朝鮮の金剛山に行ったことがある。北朝鮮が新しくオープンした登山ルートを試験的に登る旅行だった。ハイキングぐらいと考えて登山の十分な準備もせず行ったが、結構けわしいコースで音を上げてしまった。そのときも、鄭浩承さんは優しくいたわってくれた。

韓国社会の魅力は、エネルギッシュなスピード感だ。でも、慣れない日本人は、そんななかで暮らすと妙に疲れを覚える。そんなときは鄭浩承さんの詩を読むとよい。静謐な気分に浸りながら、人間の持ついたわりや慈しみのようなものを詩のなかに見出し、心が少し豊かになってくる。叩きつけるような半島の雨のなかでも、慈雨のような雨があることを、音もなく降ってくる雪の音に耳を傾けることにも意味があることを感じる。

日本の現代詩はおおむね難解で抽象的だが、鄭浩承さんの詩は平易で、分かりやすく、心に染みる。韓国はまだ詩集が売れる「詩の国」でもある。

東日本大震災後にあらためて鄭浩承さんの詩やエッセイを読み、インタビューを思い立った。鄭浩承さんがエッセイで書いている「耐える」ことと「克服」の違いにとても興味を抱いた。「克服」するのではなく、「耐える」ことのなかに意味を見出す姿勢に共感を抱いた。

中央日報は年末の２０１１年12月27日付紙面で3月12日付の記事は日本を傷つけたと謝罪する紙面をつくった。「日本沈没」の代わりに「がんばれ日本」と題した。

鄭浩承さんのインタビューへの受け答えは、「文学が人間の側に立つものである」ことを教えるものではないだろうか。願わくば、ジャーナリズムもそうでありたい。

日本よ、泣かないでください
東日本大地震の惨事を哀悼する

鄭浩承

日本よ、泣かないでください
日本よ、立ち上がってください
地震で崩れた地にも花は咲き
津波で倒れた海岸にも鷗は飛びます

２０１１年3月11日仙台の東沖
巨大なる地震の波
凄まじい勢いで海岸を呑み込み、村を飲み下し
車と汽車をおもちゃのごとく吸い込んで、原電をも爆発させる
我が愛する父と母
懐かしい友と兄弟たち
その数万の尊い命までを一瞬に呑み込んでしまった
大地震の荒波の前で
桜咲く日本の春は忽ち消え失せたが
ああ、その黒い高波の中に東京の春は音もなく
消えうせたのだが
日本よ、あなたは泣かないでください
日本よ、あなたは立ち上がってください
今世界があなたの涙を流しています
今人類はあなたの涙を拭いています

これは日本の災難ならぬ地球の災難
これは日本の不幸ならぬ世界の不幸
今こそ失ったものより残ったものを考える時です
国家の躓きを国民のさらなる踏み石とし
真の日本の力を見せる時です
我々の最も恐れることは恐怖心そのものだから
怖がることはありません
不幸だと思うことはありません
運命を愛してこそ不幸は消え去るものです
宇宙の広大さを考えてごらんなさい
宇宙の中の地球がいかにちっぽけなものなのかを
時たま神は人間にパンならぬ石ころを投げるものの
神もある人の不幸の前では呆然となる時があるものです
神は片方の門を開けずに片方の門を閉めないものだから
決して希望を捨ててはなりません

日本は寂しくないのです
日本の忍耐心は他ならぬ人類の忍耐心なのです
生と死との分かれ道でも
秩序を守り、お互いを配慮し合う姿は偉大です
崩れ落ちた道路でも信号に従い道を渡るあなたは美しいのです
一本のミネラル・ウォーターを得るために
数百メートルの列をも辞さないあなたも偉大です
あなたたちの落ち着きぶりと秩序意識
あなたたちの他人を愛し、配慮する心が
再び日本を立ち上がらせるはずだから
ビルの上に乗っかった旅客船が再び青い海へ戻り
爆発した原電が再び安全に電気を送り
あなたは以前のように地下鉄の中で日常を楽しみながら出勤できるはずだから
日本列島よ、泣かないでください
日本列島よ、希望の力で立ち上がり、

またも国民の心と心とを繋ぎ合わせ
平和の新幹線を走らせてください［林容澤：訳］

水仙に

泣くな
さびしいから人間なのだ
生きるということは寂しさに耐えることだ
かかってこない電話を虚しく待つな
雪が降れば雪の道を歩き
雨が降れば雨の道を歩いていきなさい
葦(あし)群から胸の黒い鴫(しぎ)も君を見ている
たまには神さまも寂しくて涙を流す
鳥たちが木の枝に止まっているのも寂しいからで

君が水辺に座っているのも寂しいからだ
山影も寂しくて一日に一回ずつ村に下りてくる
鐘の音も寂しく響きわたる［韓成禮：訳］

＊詩2篇は鄭浩承氏の許可を得て掲載しました

自国のレベルに合わせてエネルギー源の多様化を

ケニア・環境保護活動家［故人］
ワンガリ・マータイ

Wangari Maathai

1940年、ケニア中部ニェリ生まれ。

米カンザス州の大学で生物学を学び、
66年にピッツバーグ大で修士号、71年にナイロビ大で博士号を取得。

77年、貧しい女性の社会進出を促しながら植林活動を行う
非政府組織（NGO）「グリーンベルト運動」を設立、これまでに4千万本以上の木を植えた。

モイ前政権下で環境保護活動を通じ民主化促進を訴え、投獄をたびたび経験。

2002年、国会議員に当選し、03年から07年まで環境副大臣を務めた。

04年、ノーベル平和賞を、アフリカ人女性として初めて受賞。

05年の来日で日本語の「モッタイナイ」という言葉を知り、環境保護活動に活用、流行語になった。

11年9月25日、がんの治療を受けていたナイロビの病院で71歳で死去した。

東日本大震災は自然とどう向き合うかという課題を人類に突きつけた。アフリカ女性初のノーベル平和賞受賞者であるケニアの環境保護活動家、故ワンガリ・マータイさんは、急死（2011年9月）する約3カ月前、この東日本大震災に関するインタビューで何度も「人類は自然の力に対して謙虚になれ」と訴えた。「自然との共生」の思いから長年、気候変動問題や植林・緑化運動に取り組んできたマータイさんは、たびたび日本を訪問した親日家だ。大震災の被災者にお見舞いと励ましの言葉を繰り返すとともに、地球全体への脅威である温暖化を防止する鍵は「エネルギー源の多様化しかない」と強調した。

自然とは予測し難いもの

――東日本大震災や福島第1原発事故から、人類は何を学ぶべきでしょうか。

「日本を訪れ、日本人がいかに山林や丘陵を大事に管理しているか、それとともに人々がいかに地震や津波を予期して防潮堤を築いているか、これらを見て感銘を受けたものです。ただ今回の事態はだれしもの想定を上回りました。自然の行いを予測するのは難しいことなのです。災害に備え、専門知識や経験があった日本ですら、原発事故を防ぐことができませんでした。世界には災害対策が貧弱な原子力発電所保有国がたくさんあります。日本で今回のような大規模な事故が起こりうるのであれば、世界中のどこででも起こりえます。わたしは環境保護活動家ですが、エネルギー開発には賛同します。でも、原子力は恐れています。その恐れは今回の日本の災害で強まりました」

「わたしたちがもっとも学ばなければならないことは、『人類の能力には限りがあり、コントロールできないものがあることを理解しなければならない』ということです。私たちは自然の力に対して謙虚になるべきなのです。自然はときに猛威を振るうことがあり、人類は備えをしていると思っても、すぐ不十分だと気づかされるのです。人類は自然界の最上位にいると思いがちですが、自然の力はわたしたちを簡単に打ちのめします」

ばかげた夢

——原発の動きが世界で広まっていますが、どの国もエネルギーを必要としています。原発が持つ危険性とエネルギー源としての有効性という二つの側面をどう考えたらよいのでしょうか。

「わたしは原発に『NO』の立場ですが、現実主義者であり、たとえば『米国の原発を全部なくそう』などと言うつもりはありません。すでにあるものを奪うことは難しいことです。ケニアの人々は頻発する停電に慣れていますが、米国人や日本人、フランス人には想像もできないでしょう。『原発撤廃』を訴える人々はときとして、原発から享受している利便性を忘れています。原発の恩恵を得ている国の政府に脱原発を説くには、デモをするだけでは足りないでしょう」

——原子力導入の熱意は特に途上国に強く見られます。

「すべての国が同じレベルで発展しているわけではありません。技術や能力もない国はたくさんあり、そうした国が原発導入を試みれば、自国民だけでなく人類をも危険にさらします。ケニアでも原発導入の計画がありますが、ばかげた夢です。ケニアには資本も専門性もなく、技術は外国から輸入しなければなりません。わたしは原子力が各国に拡散していくことには賛成できません。原子力をコントロールできる国もあれば、コントロールできない国もあるのです。また、原子力には『われわれはこれだけ発展した』という、政治家らの自尊心を満たす魔力があります。こうした力に寄りかかり、自らの力を誇示しようとする人々を止めなければなりません。原発の建設には厳格な国際管理が必要です」

コンゴ川の力

――しかし、二酸化炭素の排出を抑制する温暖化対策の点から原子力が評価され、各国で原発導入が進んできました。脱原発となれば、温暖化対策が進まずエネルギー源を失う懸念もあります。

「各国が独自に自国のレベルでエネルギー供給源を多様化すればよいのです。原子力と置き換えられる単一の解決策はありません。政府が資金を悪いことに浪費するのでなく、いろいろなエネルギーに対して投資する政策的な意思があれば、多様化を達成することができます。アフリカには水力発電に適した大きな川がたくさんあるのですが、利用されていません。コンゴ川が活用されれば、アフリカ全土をまかなうエネルギーを得ることができます。これは本当です。ケニアでは地熱発電が行われており、太陽光も風力も水力も利用でき、十分活用すれば必要以上のエネルギーを生み出すことができるのです。アフリカの多くの国は、原子力技術を輸入すれば電力問題が解決するだろうという、安易な選択肢を求めているだけです」

――日本はケニアほど、エネルギー源を多様化できる自然条件に恵まれていないかもしれません。

「原子力を『よい選択肢』とする理由は各国にそれぞれあります。日本なら『エネルギーを多様化する環境にはないが、原子力を使う資本も技術もある』というのかもしれません。ただ予想をはるかに上回る地震と津波が起きました。わたしたちは『人類は安全だ』ということができない段階に到達したのです。地球上に100％の安全性は存在しません」

◆◆◆

地球温暖化の影響が各地で顕在化するなか、南アフリカで2011年11～12月、気候変動枠組み条約第17回締約国会議（COP17）が開かれた。先進国の温室効果ガスの削減義務を定めた京都議定書が2012年で期限切れとなることから13年以降も継続し、20年には米国と中国など新興国を含むすべての国が参加する新たな法的枠組みを始めるとの工程表を採択したが、日本やカナダなどは京都議定書の継続期間への不参加を表明した。今後の新たな枠組みの交渉でも、法的拘束力の強さや削減目標をめぐる米国や新興国の駆け引きと抵抗が予想され、温室効果ガスの削減という制度自体が骨抜きとなる恐れも出ている。

新枠組みの開始時期が２０２０年と遅くなったことにも、温暖化による海面上昇に直面する島嶼国などの間に不満が強い。

◆◆◆

――温暖化対策の合意がなかなか実現しないのを見ると、先進国も途上国もいかに利己的かと驚きます。

「先進国が成長優先のあまりに環境破壊で気候変動を起こしたのは事実です。先進国は気候変動の被害を受けた国を支援する道義的な、そして恐らく政治的、経済的な責任があるのに、それを果たすのを後回しにしています。一方で途上国も責任を果たしていません。アフリカは気候変動の影響を受けやすく脆弱だといわれます。ならば国際社会の支援を待たず、自国内で行動を起こさなければなりません。アフリカ人として、特にアフリカ各国の政府には『国際的な合意を待たず、自ら温暖化問題に関わろう』と訴えています。『合意がないから資金が供与されずに対策をとれない』というのは言い訳です。援助がなくても、森林保護や排ガス規制など、自分たちでできる対策はたくさんあります」

木を植えよう

――人類は果たして自然との共生という目標を実現できるのでしょうか。

「人類は砂漠化や河川の枯渇、雨量の減少を長い間警告されてきたにもかかわらず、何もしてきませんでした。人類はすぐ忘れる生き物です。ただ忘れることはある面ではよいことなのかもしれません。人類は忘れなければ立ち上がることができないのかもしれません。しかし経験から学ぶことはとても重要です。何が起き、なぜ起きたのか、過去の教訓は生かされなければなりません」

「途上国では特に、情報の流通が大きな課題となっています。アフリカの多くの国では、人々は自国の政府が何をしているかをほとんど知りません。また恐らく90%のケニア人は、政府が原子力発電所の導入を検討するといっても、その意味を理解できないでしょう。私が『木を植えよう』と言い始め、グリーンベルト運動を設立して30年以上たって、ケニアでもやっと環境について語られるようになりました。まず情報が行き渡ることが重要です」

グリーンベルト運動とは1977年にマータイさんが設立したケニアのNGO。砂漠化防止や地域発展のため、植林を中心とした環境保護の活動を展開している。メンバーの多くは女性。7本の苗木を植えることから始まった活動はアフリカ各国に拡大し、これまで4千万本以上を植林した。女性の貧困脱却や地位向上、環境問題への意識を高めるための教育活動、気候変動問題にも取り組んでいる。91年に国連アフリカ指導者賞を受賞した。

マータイさんはこうした環境保護の活動のほかに、民主化や女性の貧困脱却に尽力してきた。政府の度重なる弾圧を乗り越えてきた力強さは、がんで闘病中だったにもかかわらずインタビューの間、言葉の端々から感じられた。「モッタイナイ」という日本語に感銘を受け、その精神を世界に広めようという運動で関わりの深い日本は、未曾有の災害からの復興に向けて日々、苦闘している。そんな日本に対し、持ち前の明るさで「逆境をはねのけよう」とエールを送った。

◆◆◆

「日本の人々に、深い同情と連帯の意を表明し続けたいと思います。今回の災難にとても心が痛みました。一方、このような災害が起きたあと、日本の人々が示した冷静で勇気のある振る舞いを見て、日本人が強く勇敢な人々であることが世界中で理解されたでしょう。わたしも日本人の勇気と決意、信念に心から感銘を受けました。被災地で窃盗などの犯罪がほとんどなかったそうですが、もしナイロビで地震が起きていたなら想像もできないことです。日本人が示した心構えや規律、困難への備えは、わたしたちが学ばなければならない教訓だと思います」

「自然の力に謙虚になる一方で、勇気と希望を持ち続けなければいけません。人類は立ち直ることができます。日本は『日の昇る国』です。太陽は沈んでも再び昇ります。大災害に見舞われても、かならず立ち直るでしょう」

［聞き手：吉田昌樹ナイロビ支局長、写真も］

インタビューを終えて

２０１１年６月。ケニアの首都ナイロビにあるグリーンベルト運動の本部で約１年半ぶりに会ったワンガリ・マータイさんは、以前のふっくらした体つきからは一瞬「別人か」と疑うほど、やせ細っていた。

だが約１時間のインタビューでは、これまでと変わらぬ力強い調子で東日本大震災と原子力問題を語り、地球温暖化対策や環境保護の重要性を訴え、がんと闘っているそぶりをまったく見せなかった。緑があふれる同本部の庭での写真撮影にも、嫌な顔をせず長時間応じてくれた。

その約3カ月後。私は出張先の隣国ソマリアで彼女の急死の報に接し、インタビューの間も絶やすことがなかったあの魅力的な笑顔が頭に浮かび、涙がこぼれそうになった。いつも前向きな人だった。他のアフリカ諸国と同様、伝統的に女性の地位が低いケニアで、森林保全や女性の権利向上、民主化を地道に訴え、強権的なモイ前政権と対立、何度も投獄された。

「強い女性」のイメージとは対照的に、気さくな人柄でだれにも温かく丁寧に接し、よく周囲を笑わせた。

同年12月に南アフリカで開かれた気候変動枠組み条約第17回締約国会議で「また会いましょう」と話していたが、かなわなかった。彼女が議長を務める予定だった温暖化対策のイベントには、国連の潘基文（パン・ギムン）事務総長が出席したほか、オバマ米大統領やクリントン米国務長官がビデオメッセージを寄せ、彼女が遺した影響力の大きさを感じさせた。

「モッタイナイ」という日本語の精神を広めようとする運動で日本と関わりが深く、何度も日本を訪れた。日本でもっとも知名度の高いアフリカ人の一人だろう。

そんな親日家の彼女は、東日本大震災や福島第1原発事故発生に強く心を痛めていた。インタビューでは「3・11」の教訓として「人類は自然に対し謙虚になろう」と繰り返した。長年、環境保護に尽力し、日本をよく知る彼女が死去の前に発したこの「自然に謙虚に」のメッセージの意味を、科学技術を万能と信奉し文明化に邁進してきた日本社会は今、真剣に考えるべきではないだろうか。

マータイさんの死後、アフリカ人二人を含む女性3人がノーベル平和賞を受賞した。その一人、リベリアの平和活動家リーマ・ボウイーさんは「マータイさんの遺産を生かし続けなければならない」と取材に答えた。マータイさんがアフリカの地にまいた女性運動や市民活動の種が、これからも着実に育っていってほしいと切に願う。

植林する少年
［写真提供：グリーンベルト運動、撮影：カサンドラ・パタキー］

市民が力を取り戻す機会

米・作家
レベッカ・ソルニット

◆◆◆
Rebecca Solnit

1961年、米コネティカット州生まれ。カリフォルニア州で育ち、パリ留学後、カリフォルニア大バークリー校でジャーナリズム修士号取得。フリーランス・ジャーナリスト。芸術批評、地球温暖化、人権、政治などを題材に執筆。全米批評家協会賞、マーク・リントン歴史賞、ラナン文学賞など受賞。主な著書に『災害ユートピア』『暗闇のなかの希望』などがある。

東日本大震災では行政機能が麻痺するなか、被災民が協力し合い、ボランティアも駆けつけ救援や復興にあたった。秩序だった助け合いは日本人特有と思いがちだが、そうでもないようだ。米サンフランシスコ在住の作家レベッカ・ソルニットさんは、世界の天災や事故、戦争の現場を精力的に取材し、どの地でも連帯と自発的な共助が生まれていることを伝えた。普段の生活で忘れていた助け合いの素晴らしさに市民は気づき、ときに無能な政府を倒す革命をもたらしてもいる。ソルニットさんは日本人が大震災後の今、さかんに行う他者を助ける活動は、市民が力を取り戻し、政治を変える機会になると予想した。

災害時に表れる人間の善き面

――東日本大震災では「絆」という言葉が日本で広がりました。一方で世界の大災害の場では助け合いよりも略奪が報じられます。

「どんな災害現場でも、見ず知らずの人に手を差し伸べ、食べ物や寝場所を与えるといった被災者同士の励まし合い、助け合いが生まれています。災害がもたらす危険や喪失、欠乏感を共有し生き抜いた人々の間で連帯感が生まれています。過去の習慣や社会的偏見から分断されていた人々も、ひとたび災害に遭うとそうした壁や階層から生まれる孤立を乗り越えるのです。簡単にいえば、人は普段より情け深く親切になります。本来人間が持つ『つながりたい』という思いや、人の役に立つ喜びに気づくのです」

「もちろん、災害の際にどれくらい人々が協力し合うかは文化や豊かさで違いがあります。同じ地震でもサンフランシスコ大地震（1906年）や東日本大震災と、ハイチ（2010年）やパキスタン（2005年）は比べられません。日本でも関東大震災（1923年）では朝鮮半島出身者が殺害されました」

「しかし、そうしたパニックは、それまでに植えつけられた『型にはまった見解』が原因でもあります。大災害をテーマにしたハリウッド映画は被災者を犯罪者予備軍、封じ込めておく対象として描き、ヒーローはいつもパニックを鎮める警察官や行政官です。しかし、実際の災害現場ではパニックは、往々にして慌てた警察官や行政官が起こすものです」

◆◆◆

ソルニットさんの丹念な取材は、1906年のサンフランシスコ大地震、1917年のカナダ・ハリファクスの火薬大爆発、第2次大戦中にドイツ軍の激しい空爆に遭ったロンドン、1972年のニカラグア大地震、85年のメキシコ大地震、2001年の9・11テロ、05年のハリケーン・カトリーナに及ぶ。こうした大災害、大事件の際にできる連帯のコミュニティーの記録や現場を調査、取材した著書『災害ユートピア』は「災害は略奪や暴動で弱肉強食の場と化す」という常識を破った。

ハリケーン・カトリーナが襲った米ニューオーリンズでは、ニューオーリンズ市など行政当局が、避難民がいる野球場で殺戮（さつりく）やレイプが起きているとの未確認情報を流したが、その多くは事実無根であったことが確認された。同書には、人種差別的な思想を持つ白人が黒人を治安目的という名目で殺害した例も報告されている。

◆◆◆

――災害のときに人間の「よい面」「助け合いの心」が出ることは分かりました。でもなぜその「よい面」は普段はあまり出ないのでしょうか。

「それは気づいていないだけなのです。『よい面』はほかの型にはまった社会観につぶされているといえます。たとえば米国も日本も資本主義の国だから、人々は利己的で物質主義で金を重んじる社会とされています。しかし、わたしが住むこのサンフランシスコだけでも飢餓をなくそうというグループが50もあるし、ホームレスを救おう、貧しい子どもに教育を与えようというボランティア組織がたくさんあるのです。子育てで協力し合う母親たちは巨大企業がなくても困らないものですが、助け合いの精神がなくなればとたんに困ってしまいます。わたしは政府・行政機構という表の統治機構とは別に、『親切が結びつけるもう一つの政府』とでも呼ぶべきものがあると思います。道で老女が倒れているとして、政府は政策としてその老女を助けるべきか、費用はどれくらいかかるかを計算しますが、人はそうした計算抜きに、親切心からまず助けます。表には出ていませんが、親切を基盤にした連帯が、じつは社会をつくっているのです」

革命対戒厳令

ソルニットさんが言う大災害後の被災民や市民の連帯、覚醒が政治を動かした例として、ニカラグア大地震と革命がある。1972年に中米ニカラグアの首都マナグアで起きた地震は死者数万人を出し、首都が壊滅状態となった。ソモサ独裁政権が海外からの義援金や支援物資を着服したり、復興事業の発注に絡んで不正利権を肥やしたことが発覚し、市民が政権批判を強め、これに対して政権が戒厳令を発布し対立を深めていった。ニカラグアの左派組織「サンディニスタ民族解放戦線」はそれまで支持が集まらず孤立していたが、地震で生まれた政権批判を追い風に勢力を伸ばし、とうとう79年には、それまで40年以上続いたソモサ体制を打倒し、新政権を樹立した。

◆◆◆

――ニカラグアでは、大地震の被災民救援や復興に動かない政府に市民が愛想をつかし、革命が起きました。メキシコでも地震後、民主化が急速に進みました。市民の連帯と覚醒が大きな政治変動をもたらしました。

「災害と革命は深く関連づけることができます。これらの国では市民の命や財産を守るはずの警察や軍隊が大災害の現場で略奪をし、行政が救助や復興に役立たず、海外からの支援が横流しされたのです。それを見た市民たちが、復興は自分たちがやったほうがよいと立ち上がったわけです。政権や与党がいかに機能しないかが暴かれ、市民は自信を持ちました。特にそれまで虐げられた女性たちが被災生活や救助で助け合い、そうした活動を通して自らの力に目覚めたのが大きいです」

「その一方で男性中心の政治エリートたちは、地震の混乱で行政権限をいったん失いましたが、失ったものを取り戻そうと警察や軍を送り戒厳令を発し、市民たちを再び管理下に置こうとしました。『だれがコントロールするか』をめぐって戦いが起こるのです。そのなかでは大手メディアも『行政や警察の管理がなければ、無法地帯になる』と恐怖を煽る記事を出し、エリートの一員として行政の支配復活に力を貸すのです。メディアはその現場にいないことが多いので、商店街をうろつく被災者の映像を見ても商品を狙う略奪者と思いがちだし、軍の力も信用しがちです」

「革命はニカラグアやメキシコに限ったことではありません。米国でも9・11テロのあとにブッシュ大統領がパニックになって不要な戦争を始めました。そしてハリケーン・カトリーナでブッシュ政権が何もできないのを見て、国民は『チェンジが必要だ』と悟り、オバマ大統領を選んだのです」

◆◆◆

ソルニットさんは約10年前から仏教徒だ。サンフランシスコは米国では仏教徒が多い地域であり、「すんなりと」仏教徒になったと言う。仏教が持つ寛容さを好み、仏教徒は天災や人の死が持つ意味を理解しやすいと語る。2008年の大統領選ではオバマ氏に期待したが、軍事産業複合体に逆らえずに戦争を続けていると、今は失望している。政府に対する不信感を露わにする発言からソルニットさんの政治傾向は、「無政府主義」「小さな政府主義」とも受け取れるが、「官僚でなく市民が自ら自分たちのことを決断していく」直接型の民主主義を好むという。

人間が持つ優しさ

――大災害で気づいた「連帯する力」を市民は新しい社会の建設に向けてどう生かすべきでしょうか。

「市民は最後には政府や官僚、大企業に敗北するという前提で書かれた本が多いのですが、わたしは勝利の例に注目します。勝利していくにはまず他者を助ける喜びや、平常時もそうした助け合いが起きていることを認識することが大事です。そして『社会は競争だ。敵を欺けば勝ちだ』といった偏見にとらわれないでください。人間はもともと優しいのです。テレビで伝わっているようなイメージとは違い、より親切で物質主義的ではないのです。人はたとえ苦しい状況に置かれても、その苦しみが『意味を持つ苦しみ』であれば、拒まないものです。政府の役割は何であるべきか、自分たちはどんな社会を望んでいるのかを、じっくり考えてみることも大事だと思います」

——世界は巨大企業が牛耳るグローバル化の時代にあります。それに対して市民の力は小さすぎるともいえます。

「グローバル化の悪い面ばかりを見ても仕方がありません。被災地のコミュニティーに役立つ面もあります。東日本大震災でもメディアが今はグローバルにつながっているため、世界中でその惨状をリアルタイムで見ることができました。ここサンフランシスコでもすぐに支援の動きが始まり、子どもたちも街頭で歌を歌って寄付を集める活動を開始したのです。世界の人々が『日本はたいへんな事態にある』『すぐに救え』と動きだしたのはグローバル化のおかげです。市民はグローバル化のネットワークの恩恵をもっと利用すべきです」

——東日本大震災は世界へどんなインパクトを与えるでしょうか。

「東日本大震災はすでに地球の経済システムを変えつつあります。東京電力福島第1原発の事故から生まれた『脱原発』の思想はドイツやイタリアに広がり、原子力を続けるかどうかをめぐって、政府・産業側と市民コミュニティーの間で戦いが起きています。人類の歴史を見れば、開発された科学技術のなかで、うまく役立たないために使わなくなったものはたくさんあります。原子力もその一つになるでしょう。核兵器だって広島、長崎以来使っていない。米国はスリーマイル島原発事故の反省から１９８０年代以降、新たな原発をつくっていません。ロンドンは１９５０年代までひどい大気汚染の都市でしたが、今はずいぶんクリーンになりました。これらは市民運動の成果です。福島の事故以来、再生可能エネルギーの開発に注目が集まっていますが、再生可能エネルギーの開発はもっとまえから力を入れて進めておくべきでした」

――大災害が革命をも起こしてきたのは分かりました。さて、日本はなかなか変わらない国ですが、この震災は日本人を動かすでしょうか。

「考えてみてください。かつて50年前には女性の権利も定かでなかったのに、今は大きく変わりました。アラブでも民主化を求める革命が続いています。そうしたことを思えば、日本でも目覚ましい変化が起こると思うべきです。それがどんなものかはだれも予想できません。日本は先端技術の国です。そうした技術を駆使すれば、だれもが予想できないことをやれるのではないでしょうか。５、６年たてば日本で何が起きているか、分かるかもしれません。とにかく、世界は今、日本を注視しています」

［聞き手：杉田弘毅、写真：鍋島明子・契約フォトグラファー］

インタビューを終えて

サンフランシスコは米国でもっともリベラルな街だ。1960年代のヒッピー運動などリベラルな反体制運動の発祥の地であり、今でも米民主党リベラル派の牙城である。ヒッピー運動のメッカだったハイト通りとアシュベリー通りの交差点から歩いて少しのところにある自宅で、レベッカ・ソルニットさんが迎えてくれた。

ソルニットさんはプラス志向だ。女性でリベラルで、北米を拠点に大災害と市民の関係を論じる人物といえば、日本でも評判となった『ショック・ドクトリン』の著者ナオミ・クラインが有名だが、二人の違いを聞くと、「災害を好機ととらえて市場原理主義を押しつけ、金を儲ける大企業に対して負ける市民を彼女は描くが、わたしは市民が少しずつでも事態を変えていく勝利の物語に焦点を当てている」と語ってくれた。われわれがソルニットさんをインタビューしたのも、東日本大震災の被災現場での感動的な助け合いを見て、敗北だけでない何かが生まれてくるはずだと思ったからだ。

インタビューの最後で彼女が述べた「日本でも目覚ましい変化が起こる」という予測は、

残念ながらまだ的中していない。

成熟社会の日本で革命的な変化は起こらないだろうし、政治の惨状からは、変化は無理だと落胆したくなる——そんな悲観的な見方をぶつけると、ソルニットさんは市民の「助け合い」「つながり」を世界中の豊富な例とともに語り出した。「福島は脱原発の思想を世界に広めており、すでに世界の経済を変えている。市民の勝利の例を言い出すと、わたしは止まらないのよ」と早口となった。印象的な大きな目がくるくると動く。

確かに、東日本大震災は絆の大切さを日本人に思い出させたし、震災のまえから始まっていた、右肩上がりの時代からの転換の動きを加速させている。活発なボランティアや飛躍的な寄付の伸び、そして社会を変えていこうというさまざまな人々の試みは、これまでの競争本位からの脱却をうかがわせる。じわりと日本社会が変わる予感がする。

窓から街並みを楽しめる居間には仏教やアジア関連の書籍が並び、仏像もあった。「サンフランシスコにいると、アジアも仏教も、自然に感じられる」と言う。「わたしは同い年のオバマに期待したけど失望した。もっと市民を直接参加させないと……」と、最後はアメリカの社会変革の話へとつながった。

ダム建設で立ち枯れたアマゾンの熱帯林

〝全能〟のおごりを捨てるとき

ブラジル元環境相

マリナ・シルバ

Maria Osmarina Marina Silva Vaz De Lima

1958年、生まれ。
ブラジル西部の貧しい家庭に育ち、教会の支援で16歳で就学。
高校教育までを4年で修了し、州立連邦大で歴史学を学んだ。
大学在学中、当時の軍政に反対する共産主義政党に入党。
労働者のリーダーだったシコ・メンデス氏と出会い、影響を受ける。
94年、上院議員に。
2003年1月、環境相就任、08年、辞任。
10年、大統領選で3位となった。
国際的な環境の賞であるソフィー賞など多数の国際的な環境関連の賞を受ける。

自然保護のリーダーとして世界が注目するマリナ・シルバさんはブラジル・アマゾンの奥地で育った。16歳まで読み書きができず、メードをしながら教育を受け、今は「明日の大国」ブラジルを「環境大国」に変身させる原動力となっている。成長や発展を続けながら、豊かな自然を殺すことなく、その恩恵をブラジル国民全員が平等に受け取れるよう世の中を変えたいと主張する彼女は、東日本大震災と福島の原発事故を受け、人類は今、文明の岐路に立っていると警告した。アマゾンの大自然のなかで育ってきた経験から、自然との共存こそ新たな文明を開く道だと訴える。

科学万能の幻想

――人知を圧倒するアマゾンの自然に生きてきた経験から、東日本大震災に何を思いますか。

「人類は〝全能〟であるかのようなおごりを捨てるべきです。科学技術は確かに素晴らしいものです。ジャングルの中にいたって、衛星携帯電話を使えば、どことでも通信できますし、移動手段の発達で距離や時間は、以前に比べれば信じられないぐらい縮まりました。しかし、科学が万能だというのは幻想です。福島の事故のように、科学だけで解決できない問題がとても多いのはご存じの通りです。チェルノブイリやスリーマイル島の原発事故をすでに経験しているというのに、また日本で原発事故が起き、放射線物質が拡散してしまいました。賢人は他者から学びますが、自分たちの失敗からさえ学べない者は愚かすぎると思います」

「東日本大震災は人類に二つの教訓を残しました。一つは、高い技術は地震に耐えうるということです。原発はあれだけ大きな地震でも壊れなかった。もう一つは、そうした高い技術も津波には勝てなかったということです。津波が起こることは想定していながら、科学技術では対応しきれませんでした。地震や津波が起きないブラジルでも、大雨や土砂崩れは日常茶飯事で、毎年のように人や家が流され、多くの人命が失われ続けています。そんなブラジルにも原発があります。われわれは自分自身の弱さを素直に認め、想像もしないことが起きるという可能性を忘れてはなりません」

◆◆◆

アマゾンの保護活動で師と仰いだシコ・メンデス氏を1988年12月、大土地所有者側勢力による暗殺で失ったシルバさんだが、メンデス氏の遺志を継いで不屈の活動を続け、94年、当時としては女性で史上最年少の連邦上院議員となり、２００２年に当選した左派のルラ前政権で環境相に抜擢(ばってき)された。６年間の在任中に、森林伐採を76％に減らし、多くの自然保護区を設定する実績を上げたが、汚職が深刻なブラジルにあって利権を狙う議員も多く、政権内部の対立に巻き込まれ、08年に辞任に追い込まれた。しかし、貧困層や環境問題に関心の高い人たちにとって今もカリスマ的存在であり、10年の大統領選では大政党の支援がなかったにもかかわらず約19％の得票率を得て、３位となった。

シルバさんが保護のために戦っているアマゾンの熱帯雨林地域は、世界最大の流域面積を誇る南米の大河アマゾン川流域に広がり、９カ国にまたがる。多種多様の動植物が生息し、大量の二酸化炭素を吸収して酸素を放出し「地球の肺」とも呼ばれる。約７割がブラジルにあり同国内の面積は約３８０万平方キロで日本の面積の約10倍だが、農地開拓、木材調達のための違法伐採や、地球温暖化による干ばつなどによって、減少が続いている。ブラジルには２５０以上の先住民族計約60万人が居住しており、その多くがアマゾンに住んでいる。

◆◆◆

――自然保護はなぜ必要なのですか。

「アマゾンの森林がすべて壊されれば、二酸化炭素の排出で、地球の気温が10度は上がります。水資源の確保は人類にとって急いで答えを見つけなければならない大切な課題です。アマゾンの熱帯雨林は水蒸気も含めて1日に200億トンの水分を生み出します。アマゾン川から海に流れ込む水は世界全体の2割を占めているのです。高級木材の伐採や農地・牧草地の開発のためにアマゾンの木が切り倒されて、この水がなくなったり減ったりすれば、地球全体の均衡が崩れてしまいます。アマゾンの森林はブラジル人に限らず、地球上の人間や動物、植物すべての生命に直結しているのです」

自然の力を借りて生きる

――しかし、自然保護を強調しすぎると成長が実現しないという懸念があります。途上国の人々は先進国の人々のような生活をあきらめるべきなのでしょうか。

「全人類を先進国並みに養うには地球が三つ必要な計算になります。消費し続けるだけの先進国の生活モデルは非常に疑問です。限りある資源に依存する今の消費、生産、幸福パターンは長続きしません。しかし、ブラジルや他の途上国でも、テニスをすることができない貧しい子ども、ブランドのテニス靴を買うことができない子どもさえ、押し寄せる大量の広告を通じてその靴を知っていて、広告に影響されて欲しがってしまいます。本当は必要ではないモノでも広告のせいで欲しくなってしまう。モノがあふれているためわれわれは病気になっていると思うのです」

「金儲け主義の影響をできるだけ避け、自然と共存する道を模索しましょう。グローバル化した大企業は自然保護にとっては大敵です。人類全体の将来のためだということを訴え続け、大企業を正しい道に導くよう努力し続けるしかありません。人類一人一人が賛同すれば、それに合わせて大企業も変わらざるをえません。今の人類は絶滅に向けて突っ走るほど愚かではありません。自然との共存に向け、人類は新たな歩き方を考え出さなければならないのです」

――新たな歩き方とは、たとえばどんな道が考えられるのでしょうか。

「メンデス氏から学んだことですが、いつも同じ木からゴムを採取し続けていたらその木はいずれ枯れ、自然は死んでしまいます。しかし、つねに場所を変えて違う木から採取すれば、30年後には木々は力を回復するのです。この1年間は南の方角、次は東に少しずらして採取に行く。こうしたやり方を続ければ、ゴムの木が枯れてしまうことはありません。これは、自然との共存の分かりやすい具体例です。自然を殺さず、その力を一時的に借りて生きるべきだと考えます」

「アマゾンのインディオのような伝統社会は自然の恩恵を受けながら、自然を殺すことなく、何千年も同じ暮らしを続けてきました。彼らは、資源の枯渇に直面する今の世界を救う知恵を持っていて、教えを請えば何かヒントを与えてくれるかもしれません。もしくは、現代文明と先人の知恵を組み合わせたところに何か新しい答えがあるかもしれません。先進国の考え方だけが正しいというおごりを捨てて、多様な文化間、世代間での対話を行い、新しい方策を見つけ出していくことが必要です」

「ブラジルでは30年以上前、当時のオイルショックをきっかけに、主要産品のサトウキビでアルコールを作り、燃料にする計画を政府ぐるみで始めました。そのおかげでブラジルでは今、石油に頼らないですむ代替エネルギー『バイオエタノール』を使っても走ることができる車が8割以上を占めています。もともと水力資源が豊富なブラジルでは、すでにエネルギーの45%が再生可能です。自然資源が豊富な、環境大国をうたうブラジルは先進国の発展モデルに従う必要がまったくないのに、新モデルを構築することに抵抗する人たちが多くいます。アマゾンにダムを造り、原発をあきらめない。結果として、今の政策はわたしにはまったく満足できない内容となってしまいました。ブラジルでは今、大西洋沖の海底深くに新たな油田が見つかっています。わたしはこの油田が生み出す収益を別の新たな再生可能エネルギー開発に投資すべきだと訴えています。資源が豊富ではない国でも、各国それぞれに新しい道があると思います。日本も国を挙げて再生可能で安全なエネルギーに投資すべきです」

シルバさんはペルーとの国境に近いブラジル西部アクレ州の州都、リオブランコから約70キロ郊外の密林で、ゴム樹液採取を生業とする家に、11人きょうだいの次女として生まれた。町からボートで2日以上かかる地で極貧の幼少期を過ごし、毎朝4時に起きてゴムの樹液を採取し、家計を助けた。重い肝炎を患い、治療と勉強のため、リオブランコに出て、教会の学校に通い始めたのは16歳。その後、わずか2週間で基礎的な読み書きを習得し、4年間で高校教育までを修了した。苦学に裏打ちされた知を背景にした発言は、ときに哲学者を思わせる。シルバさんがいう「新しい道」とは、限界が見える「北」の先進国モデルでない新モデルの模索だ。彼女の発言からは「南」の指導者を目指す意欲が感じられた。

文明の岐路

――原発は今後どうすべきだと思いますか。

「チェルノブイリや福島の事故で、原発は危険が多くコストも高いということがよく分かりました。ブラジルでの研究では、風力のほうが約2割安いコストで同じ量のエネルギーを作れることが分かっています。水力と太陽光の可能性を秘めるブラジルに原発は要りません」

「日本のように国土が狭く、急峻で、資源が豊富でない国は事情が異なるし、そうした国では原発もやむをえないかもしれません。しかし、日本で国民投票を行えば、建設反対派、原発中止派が勝つでしょう。エネルギー源確保のために政府がどうしても原発を作らなければならないというのであれば、危険性や環境対策、防災対策などすべてを国民や外国に対して開示し、原発が与える地球全体への影響を考えて議論しなければなりません。原発事故はその国の国民だけでなく、地球全体に悪影響を及ぼす可能性が非常に高いのです。政府に透明性がなければ、国民、全人類が今回の震災の教訓を生かせません。原発を持つ政府の責任は重大です。地球温暖化に対処しながら、持続可能な発展を成し遂げるために、今回の事故は日本が乗り越えるべき大きな課題を突き付けています。安全で再生可能な新エネルギーを作り出すのと、危険な原発を使い続けるのとどちらが正しいか、だれもが分かっていることだと思います」

――文明の方向を変えるのは抵抗が強く、難しいことではないでしょうか。

「人類は変革を起こすことができる存在です。私が気に入っている言葉に『石が足りなくなったために石器時代を脱したのではない』というのがあります。石油が枯渇して初めて石油に依存する時代を終える必要はまったくありません。人類にはそれが可能です。福島の事故は、人類に教訓を与えてくれた大きな転機だと考えます。人類は、一刻も早く方向転換をすることが必要です」

「われわれは今、文明の岐路に立っています。ここで政治家たちが判断を誤れば、人類は自滅してしまいます。これは、過去に前例のない転換点です。その判断はすべて、まだ生まれていない世代の運命に直結する決定的なものとなるはずです」

［聞き手：遠藤幹宜リオデジャネイロ支局長、写真も］

インタビューを終えて

マリナ・シルバさんは所属していた「緑の党」から離党し、今は既存政党に所属しないまま国内外で講演活動を続けている。２０１１年12月に南アフリカ・ダーバンで開かれた気候変動枠組み条約第17回締約国会議（ＣＯＰ17）でもスピーチを行い、自然保護の重要性を訴えた。12年６月には地元ブラジルのリオデジャネイロで国連持続可能な開発会議（リオ＋20）が行われ、地球環境保護を考えるうえで大きな転機となった１９９２年のリオ地球サミットから20年後に再び各国首脳が集結する。シルバさんには開催国ブラジルが誇る環境リーダーとして、国内外から期待が高まっている。

出身地アクレ州政府職員の夫が住むリオブランコと、事務所を構える首都ブラジリアに家があるが、最近は多忙のためブラジリアにいることがほとんどだ。ブラジリアは１９６０年代に高原地帯のサバンナを切り開いて造られた人工都市だが、いたるところに緑があふれている。多忙なシルバさんがほっと一息つくのは、出張や仕事の合間を縫ってアマゾンはもちろん、ブラジリア周辺でも、とにかく森に入り、自然の力を感じるひとときだ。趣味を尋ねると、そうした森で拾った木の実や花を使って、ネックレスやブレスレットのようなアクセサリーを作ることだと、少女のようにはにかみながら話してくれた。

インタビューのときは右腕の筋を違えた直後で、腕を吊り痛々しい姿だったが、2時間あまりにわたって熱弁を振るい、腕の痛みを忘れて右腕を振り上げもした。

環境保護活動家、政治家、妻、そして4人の子どもの母親と多くの顔を持つ。子どもたちは母の薫陶を受け、心理学者、出版者、ジャーナリズムを学ぶ学生とさまざまな方面で活躍している。

シルバさんは2010年の大統領選に出馬したため、国会議員選に出ることができず、現在議員ではないが、設立した財団の代表として世界を飛び回り、メディアにも登場して、社会正義と自然保護、持続可能な資源利用の大切さを訴えている。貧困層を中心に国民の根強い支持を得ながら、細身で小柄な体のどこにこんなエネルギーが隠れているのかと思うほど精力的に活動している。

事故発生から10年を迎えた
チェルノブイリ原発4号機を覆う石棺

指導者は真実のみを語れ

ソ連元外相
エドアルド・シェワルナゼ

Eduard A. Shevardnadze

1928年、旧ソ連グルジア共和国ママティ生まれ。

48年、ソ連共産党入党。

59年、クタイシ教育大卒。

68年、グルジア共和国内相。

72年、同共和国第1書記。

85年からソ連外相を務め、大幅な軍縮などを進めるその「新思考外交」は、東欧諸国の社会主義陣営からの離脱に結果的につながり、ソ連崩壊にも帰結した。

92年3月、グルジア国家評議会議長に就任、95年11月のグルジア大統領選で当選。

2003年11月、退陣した。

「超大国」ソ連崩壊の遠因となったとされるのが、1986年4月のチェルノブイリ原発事故だ。当時、ペレストロイカ（改革）を唱えたゴルバチョフ・ソ連共産党書記長（のちにソ連大統領）の盟友として改革に必死に取り組んでいたエドアルド・シェワルナゼ元外相は、チェルノブイリ事故を回想し、国家的危機の際の政治指導者の責任とは「国民に真実のみを語ることだ」と強調した。チェルノブイリ原発事故がソ連崩壊を加速させただけに、発言は自責の念に満ちている。

――東日本大震災と、それに伴って発生した東京電力福島第1原発事故は、日本にとって「第2次大戦後最大の国家的危機」ともいわれています。親日家として知られるあなたは、日本国民に対してどんなメッセージを送りますか。

「わたしも日本国民と悲しみを分かち合っています。福島第1原発事故はチェルノブイリ事故以後で最大の悲劇です。日本だけでなく、世界にとっての悲劇といえるでしょう。日本人ほど勤勉な国民はありません。それゆえに日本は繁栄することができたのです。私が妻［注＝ナヌリ夫人、2004年10月に死去］と共に初めて日本を訪れたときのことを彼女が本に書いています。『偉大で勤勉な、そしてたいへん礼儀正しい国民』と。しかし、今は未来のことを考えなくてはなりません」

◆◆◆

1986年4月26日、当時のソ連ウクライナ共和国北部にあったチェルノブイリ原発4号機の試験運転中に、運転員の過失で冷却水を送り込むポンプが止まり、炉心内部に大量の水蒸気が発生、出力が急上昇した。すべての制御棒を挿入する操作をしたが間に合わず、爆発。原子炉と建屋が破壊され、灼熱した炉心の破片が飛び散った。発生した火災のため減速材の黒鉛が燃えだし、大量の放射性物質が大気中に放出された。同原発の原子炉は黒鉛減速軽水冷却沸騰水型（RBMK）と呼ばれるソ連独特の炉で、圧力容器もなかった。現場では大量の作業員が満足な放射能防護服もないまま消火作業に従事した。

ソ連政府は当初沈黙を続けたが、事故から2日後の28日にスウェーデンの東海岸一帯が放射能で汚染されていることが判明。風上のソ連国内で大規模な原発事故が起きたとの推測が世界を駆けめぐった。ソ連政府はようやく28日夜になってチェルノブイリ原発での事故発生を認めたが、事故の詳細は明らかにされなかった。実態が明らかになったのは、4カ月後の8月下旬、国際原子力機関（IAEA）専門家会議にソ連が報告書を提出してからだった。

放出されたセシウム137などの放射性物質は欧州全域を汚染し、ウクライナのみならずチェルノブイリに近い北部のソ連白ロシア共和国（現ベラルーシ）、ウクライナ国境に近い同ロシア共和国西部にも高濃度の放射性物質が降り注いだ。約33万人が移住を余儀なくされ、汚染地域では小児甲状腺がんなどが多発した。

事故の影響による死者数はいまだにはっきりせず、数千人から数十万人ともいわれている。チェルノブイリ原発は2000年に完全閉鎖されたが、周辺には事故発生から25年がたった今も立ち入り禁止区域が設定されたままで、事故は周辺地域の環境や人々の生活に甚大な被害を与えた。

真実求める戦い

――25年前にチェルノブイリ事故が起きたとき、あなたは外相でソ連共産党政治局員でした。回想録では、当時何が起きているのかを知ろうとしたが分からなかったと書いています。ソ連政府の中枢にいたあなたが、なぜ緊急事態の発生をすぐに知ることができなかったのですか。

「事故の2日後、政治局の緊急会合が招集され、この問題が討議されたときのことをよく覚えています。チェルノブイリ原発で何か異常が起きているという最初の、憂慮すべき情報があったのですが、そもそも情報はきわめて少なかったのです。原発を担当する中型機械製作相が『何の問題も起きていません。まったく正常です』と報告し、皆を安心させようとしました。彼は『もしわたしの言葉を信じられないというなら、明日、わたし自身がチェルノブイリに行って詳しく調べます』とまで言ったのです。（実際には）ロシア、ウクライナ、ベラルーシで甚大な被害が広がっており、放射性物質はグルジアにまで到達していました」

——官僚たちは事故を隠そうとしたわけですね。

「多くの人が、何が起きたのかを隠そうとしました。大臣は自分で原発建設を指導し、稼働に責任を負っていましたからね。しかしロシア、ベラルーシ、ウクライナでの被害を知ったとき、わたしは国民に本当のことを言い、何が起きたのかを隠してはならないと悟ったのです。でも政治局員の多くが中型機械製作相と同意見で、そのうちすべて忘れられるだろう、と考えていました。外相として事故の大きさを発表するよう要求したわたしは、残念ながら少数派でした」

1985年3月に発足したゴルバチョフ政権にとって、チェルノブイリ事故はペレストロイカ（改革）の真価を問われる最初の重大な試練となった。真実を国内外に伝えようとして厳しい抵抗に直面したシェワルナゼ氏は回想録で「あのとき、真実を求める戦いに負けた」と、強い自責の念を告白している。事故隠しの秘密性が被害を拡大し、ソ連は世界の信用を完全に失った。大惨事で情報を公開できるかどうかは政府の力量次第だ。氏の指摘は福島事故で情報隠しを批判される日本政府に重い意味を持つ。

◆◆◆

――チェルノブイリ原発の事故処理や周辺住民の避難などはだれが、どのように決定したのですか。

「2日後には、死傷者が出ていることがはっきりしました。4月29日に開かれた2回目の政治局会議では事故の詳細な情報が報告され、ゴルバチョフ氏はまず放射性物質の放出を止めること、次に汚染地域への立ち入り禁止と住民の避難を命じました。ゴルバチョフ氏がチェルノブイリ事故を『野戦』になぞらえ、具体的な事故対策が提案されたのは3回目の政治局会議でしたが、それは事故から約1カ月もたった5月22日でした」

「事故を（すぐに）公表しなかったのは犯罪的でした。発生初日に、人々に何が起きたのかを知らせるべきだったのです。何も起きていないという担当閣僚の言うことを信じ、政治局員までが事故を2日間も知らされずにいた結果、ベラルーシ、ウクライナ、ロシアで多くの住民の犠牲を生んでしまいました」

——その後、ソ連政府は多くの作業員を動員して放射性物質の放出を止めようとしました。

「大勢の作業員が、グルジアを含むソ連のすべての加盟国から動員されました。そのうちの多くが放射線のため健康被害を受け、容易に治療することのできない放射線障害にかかってしまいました」

——福島第1原発事故の発生当初、日本政府の対応が遅れたと批判されています。

「詳しい情報は得ていませんが、日本政府は基本的に正しい措置を取ったと思います。放射性物質が大気中に放出された最初の日から対策を講じています。残念ながらこの種の事故を止めるのは非常に困難ですから、（日本の）政府をとがめるのはどうかと思います」

◆◆◆

世界史の転換点

ソ連の旧態依然とした「階級闘争史観」を超えた「新思考外交」を推進し、東西冷戦終結の立役者となったシェワルナゼ氏は、この世でもっとも尊い価値は「人間の命」と言いきり、チェルノブイリを「世界史の転換点」だと指摘する。「事故が教えたのは、核戦争に並ぶ脅威である地球環境破壊という危機への対応は、国境を越え国際的に協力するしかないということだ」とも述べた。

◆◆◆

——チェルノブイリ事故はあなたとゴルバチョフ氏が始めたペレストロイカがソ連社会にとって不可欠であることをあらためて示したわけですが、その一方でソ連の崩壊を早めたともいわれています。

「事故はソ連崩壊の直接の原因だったのではありませんが、ソ連が崩壊した要因の一つでした。チェルノブイリのあと、真実を隠してはならず、国民には真実を伝えなければならないことが明らかになりました。ゴルバチョフ氏はこれを、自身が提唱した『グラスノスチ』（情報公開）の推進に使ったのです」

「ソ連の崩壊に関して言えば、『すべての帝国は崩壊する』という法則に従うものだったのです。大英帝国も、歴史上のそのほかの帝国もそうでした。ソ連外相だった頃から、わたしは『10年か12年後には、ソビエト連邦は崩壊するだろう』と密かに予想していました。しかし実際には、崩壊はたった4年後に起きたのです」

――国家の危機に際しての国のリーダーの責任とは何でしょうか。

「真実を、真実のみを語ることです。何が起きているのか確信がない場合でも、国民には『そういう可能性がある』と説明すべきです」

◆◆◆

チェルノブイリ事故を機にシェワルナゼ氏は「政治と道義は切り離せない」と強く自覚するようになった。しかし、イデオロギーを超え現実を見据えた民主的改革を進めようとするゴルバチョフ政権の試みは保守派の頑強な抵抗にあうだけでなく、リベラル派からも「生ぬるい」との批判を浴び、ソ連を構成する各共和国では民族主義、独立を求める動きが噴出した。各地で多発するストや反政府集会、流血の民族衝突のため、ペレストロイカは次第に制御不能の状態に陥っていく。

保守派は、ベルリンの壁崩壊による東西ドイツの統一、東欧諸国の民主化や米国との核軍縮推進など、シェワルナゼ氏が主導した「新思考外交」を「売国的」と非難、外相更迭を要求した。こうした保守派との妥協で政権の維持を図ったゴルバチョフ氏に翻意を促すため、シェワルナゼ氏は90年12月の人民代議員大会で「独裁が近づいている」との有名な警句を残して外相を辞任。政治家としての信念を貫いた。翌91年8月、ゴルバチョフ大統領がクリミア半島の別荘に一時軟禁された共産党保守派のクーデター未遂事件が発生、ソ連の崩壊が避けがたいものになった。

それでも原子力は不可欠

――チェルノブイリ、福島第1原発の事故は原発の危険性を見せつけました。人類に原発は必要だと思いますか。

「原子力エネルギーなしに生きることは不可能です。人間は原子力に勝るものをまだ見出していません」

——しかし二つの事故は、原発で事故が起きれば多数の人命が失われる恐れがあることを示しています。

「たとえばフランスは消費電力の80〜90%を原発でまかなっています。ほかに（適当な）エネルギー源はないのです。しかしグルジアで原発建設の話があったとき、私は絶対に反対でした。グルジアには豊富な水資源があるからです」

——あなたがソ連外相として推進した「新思考外交」は冷戦に終止符を打ちました。人間の文明が、もし原発のような危険を伴う技術のうえに成り立っているのだとしたら、人類には今、文明を救うための新しい「新思考」が必要なのではないでしょうか。

「『新思考』はつねに必要であり、有益です。しかし原子力より優れた（エネルギー確保の）方法は今のところありません。原発には確かに危険はありますが、原発の安全確保についてはIAEAが厳しい条件を課しています。わたしは、IAEAこそ、福島第1原発事故の処理に一定の役割を果たすことができると考えます。IAEAが自らの役割をきちんと果たしていたなら、福島事故も起こらなかったでしょう。IAEAの機能を強化する必要があります」

——今は原発の安全性向上が重要だということですか。

「まったくその通りです。ほかに方法はありません。別の手段があると考えるのは非現実的なのです」

［聞き手：佐藤親賢モスクワ支局長、写真：ルベン・ルフキャン・契約フォトグラファー］

インタビューを終えて

エドアルド・シェワルナゼ氏をひと言で表現するなら、「良心の政治家」ということになろうか。古いイデオロギーにとらわれて個人の自由を抑圧し、長い停滞に陥っていたソ連社会を改革しようとする「ペレストロイカ」をゴルバチョフ元ソ連大統領と二人三脚で推進し、米国とソ連が地球を何十回も破滅させることが可能な大量の核兵器でにらみ合う「東西冷戦」を終わらせた。ライオンのたてがみのような白髪に、人を引きつける笑顔。当時の「西側諸国」との交渉に現実的で誠実な態度で臨んだシェワルナゼ氏がいなければ、ドイツ統一も東欧の民主化も大きく遅れていたはずだ。

モスクワでは無名だった氏が老練な外相だったアンドレイ・グロムイコ氏の後任に抜擢されて世界を驚かせ、「新思考外交」を体現する新外相として活躍した当時、わたしは学生あるいは駆け出しの記者としてソ連の改革に強い関心を抱いていた。新設された人民代議員大会で、強力な保守派を敵に回しながら一歩も引かないシェワルナゼ氏のさっそうとした姿が目に焼き付いている。

グルジアの首都トビリシの閑静な地区にあるシェワルナゼ氏の自宅を訪ねたとき、最初にドアを開けた同氏の姿からは、当時の活躍を思わせるエネルギーは感じられなかった。しかしインタビューが始まると、こぶしを握り、時折あの笑顔を見せながら当時のことを熱心に語ってくれた。記者の顔を見てよほど若いと思ったらしい。「このシェワルナゼが『冷戦終結の英雄』といわれたもんだ。想像できるかね?」と満面の笑みで問われたとき、「時は流れた」という感慨がわたしをとらえ、即座に答えることができなかった。

ソ連崩壊後、故郷のグルジアに戻り、最高会議議長(のちに大統領)に選ばれて独立直後の大混乱を収束させた。その間、何度も反対派の暗殺の試みをくぐり抜けたが、2003年の議会選不正疑惑に抗議する「バラ革命」の最中に政権の座を退き、流血を回避した。ソ連時代末期から強権政治を続ける指導者の多い旧ソ連圏にあって、潔い引き際だった。

「人間がすべての政策の基準である」と明言するシェワルナゼ氏の二つの回想録を読むと、この人物が豊富な知識と世界的な視野、未来への視点を持つ卓越した政治家であったことが分かる。

グルジア大統領退任後には地球温暖化問題を国際テロと並ぶ「人類と文明の重大な脅威」と位置付けて警鐘を鳴らしてきた。チェルノブイリ事故がもたらした恐ろしい被害を体験しながら、原発の必要性を強調する理由はここにあるのだろう。民主化の理想を掲げる一方で現実を見据えるバランス感覚を信条としてきた同氏らしいといえる。

中国遼寧省営口市の風力発電施設［ロイター］

人類は原子力を制御できない

ドイツ前首相
ゲアハルト・シュレーダー

Gerhard Schröder

1944年、生まれ。生後半年で父親が戦死し、金物店の見習いをしながら定時制学校に通った。ゲッティンゲン大学で法律を学び、工事現場で働きながら弁護士に。63年に社会民主党（SPD）に入党し、ニーダーザクセン州首相など歴任。98年の総選挙で勝利し首相就任。2002年に再選され、失業手当削減など痛みの伴う雇用・社会保障の構造改革を断行。公約になかった増税も打ち出し、支持基盤の労組などから反発を招いた。イラク戦争に終始反対を表明し、ラムズフェルド米国防長官（当時）からは、「古い欧州」と批判されたが、信念を曲げなかった。05年の総選挙では、キリスト教民主・社会同盟（CDU・CSU）を率いたメルケル氏に敗北、政界を引退した。

ドイツは2011年夏、東京電力福島第1原発の事故を受けて22年末までの全原発停止を決定した。経済大国ドイツの脱原発決定は世界を驚かせたが、この先駆けとなったのは2000年に決まったドイツの脱原発政策だった。産業界の激しい抵抗を押し切った当時のドイツ首相ゲアハルト・シュレーダー氏は、ベルリンの事務所でのインタビューで、「人類は原子力を制御できない」との考えが決断を導いたと語った。その理由は明快だ。人間とはしばしば判断ミスを犯すものだが、原発は人間がミスをすれば、取り返しのつかない甚大な被害を与え、「原発はミスに寛容でない」からだ。シュレーダー氏はまた、「核燃料再処理の際に生じる〝核のごみ〟の影響は千年も万年も続く」と力説した。

ミスに寛容でない原発

——10年以上もまえにあなたが率いる社会民主党（SPD）と90年連合・緑の党の左派連立政権が、脱原発という決定を下しました。当時のドイツ政府は、なぜそうした決断をしたのでしょうか。

「三つの理由がありました。一つはもっとも重要な安全面からです。当時からすでに、われわれは『原子力は人類が制御できない科学技術である』との見解に達していました。原発は、ミスに寛容でないのです。でも人間はさまざまな判断ミスをします。だからこの技術を止め、使うことを止めようと全力を挙げました」

「多くの原発事故で、われわれの考えが正しいことは確認されています。１９７９年の米スリーマイル島原発事故、86年の旧ソ連・チェルノブイリ原発事故の際、西欧では大規模な運動が起こりました」

解決策ない処分場所

「もう一つの理由は、風力や太陽光エネルギーといった再生可能エネルギー重視へと政策を転換する必要があったからです。ドイツ政府は、原子力とは別な形態のエネルギーや電力供給に気を配らなければならなかったのです。われわれは、再生可能エネルギーを電力会社の送電網を使って供給することを義務づけました。政府としても、再生可能エネルギーへの投資をしたかったのです。

三つ目は、使用済み核燃料の貯蔵場所の解決策がなかったことです。このため、核燃料の再処理の際に生じる〝核のごみ〟の責任を持てませんでした。その影響は千年も万年も続きます。プルトニウムや他の放射性物質の半減期は恐ろしく長いのです。将来の世代に敬意を払って放射性廃棄物を扱うべきです。そのツケを回すようなことを止めるべきだというのがわたしの意見です」

――将来、人類が原子力をコントロールし支配できる時代が到来することはないのでしょうか。

「それはありえません。人類は原子力を制御できないから、原発をあきらめなければならないのです。そのプロセスは国によって違うと思いますが、それは問題ではありません。わたしは原子力を完全にはコントロールできないと思っています」

ドイツでは１９６０年代から原発が稼働していたが、98年の総選挙で勝利した社会民主党（ＳＰＤ）のシュレーダー氏は、即時原発廃止を求める90年連合・緑の党と連立した。電力業界は、運転開始から35年以上経過した原発でなければ廃止できないと反対。粘り強い交渉で業界との合意にこぎ着け、２０２０年代までに原発を全廃する脱原発法を、02年に成立させた。当時19基あった原発は順次廃止されることになったが、09年秋に誕生したメルケル保守・中道連立政権は、産業界の意向を受け脱原発政策を先送りし、原発の稼働年数を平均12年間延長することに変更した。しかし、福島原発事故を受け、11年6月6日、22年までに全原発を停止すると閣議決定。ドイツ連邦議会（下院）は同年6月30日、原発をすべて閉鎖することを盛り込んだ改正原子力法案を与党と大半の野党の賛成で可決。連邦参議院（上院）も7月8日、承認した。

電力業界の激しい反対

――脱原発への政策転換には、電力業界や与党内で激しい反対があったと思います。

「その通りです。チェルノブイリ事故の年である1986年8月のSPD党大会で、原子力に代わる新技術の導入と大手電力会社との合意という条件で脱原発を図ることを決議しました。この決議をしたため、SPD党内で脱原発に反対しても、党大会後は大きな意味がなくなったのです。ただ電力会社の反対はすごかった。政府内では、一定の期間内に脱原発を図る方針を決めていましたので、電力会社には『合意が得られなくても、法的に強制するぞ』と通告しました。しかし、電力会社の合意を得るほうが好ましかったのは事実です。たとえば、風力発電への投資など再生可能エネルギーの発展のため、電力会社の協力を必要としていました。われわれは、ドイツ産業の弱体化を望んではいなかったので、電力会社と交渉を重ねて合意にこぎ着けたのです」

――当時、福島原発事故のような大災害が、先進国で起こると考えていましたか。

「特定の事故を予見していたわけではありませんが、大事故は起こりうると思っていました。人類が核技術を完全には制御できておらず、事故対策においても思い違いが入り込む余地があるからです。福島でも津波対策の防潮堤を築いていましたが、津波が防潮堤を越えることはないと思っていたのではないでしょうか」

省エネは日独先導で

――国際社会は福島原発の事故から、どんな教訓を得るべきでしょうか。

「先進技術を持つ工業国は、原子力技術の克服に向けて牽引する役割を果たさなければなりません。それが教訓の一つです。欧州連合（ＥＵ）諸国や日本は、エネルギー需要を満たすため『三つの音』を重ね、和音をつくる必要があります。一つ目は、風力や太陽光、バイオマスなどの再生可能エネルギーです。二つ目は省エネルギーです。三つ目は、脱原発までの過渡期の技術として、気候変動に影響が少ない天然ガスなどを利用することです。特に、日本やドイツは技術先進国として省エネを大規模に推進する必要があります。省エネ機器や省エネ住宅などで先導役を果たすべきです」

――メルケル首相は電力業界などの意向を受け、あなたが導入した脱原発政策を先送りしましたが、結局は福島の事故を受けて１８０度転換しました。どのような感慨を持っていますか。

「わたしが10年前に推進した脱原発が、社会的にも政治的にも広く受け入れられたことは喜ばしい。これで、わが国における脱原発は、方針転換できない最終的な政策となりました」

脱原発は中長期的には経済的

――先進国はエネルギーや電力を浪費しているのでしょうか。

「その通りです。あらゆる分野で先進国は電気を使いすぎです。それゆえに先進国は省エネで先導役となり、そのための必要な技術を開発しなければなりません。そのコストも先進国が負担する必要があります。われわれはエネルギー問題を今後も長年にわたって抱え、途上国の犠牲の上に生活をすることはできません。そんなやり方は機能しないのです」

――日本とドイツにはエネルギー資源が豊富にありません。原子力抜きで両国のエネルギー供給は大丈夫なのでしょうか。

「エネルギー資源が乏しい国々は戦略を駆使しなければなりません。すでに省エネの推進や再生可能エネルギーの拡充など三つを組み合わせる必要性を説明しました。一つ例を挙げましょう。私がドイツ首相に就任した1998年に、ドイツの電力発電量に占める再生エネルギーの割合は4%でした。再生エネルギー政策を推進した結果、2011年夏の時点では17%になりました。現在のメルケル政権の推定では20年には35%まで拡大するとのことです。40％まで拡大するとの別の推定もあります。暖房効率を高める断熱住宅の推進や他の分野での省エネも必要です。脱原発までの移行期には、ガスや石炭による火力発電で原子力エネルギーの代替をしていかなければなりません。こうした戦略は適切だと思います。中長期的に見れば、脱原発は経済的でもあるのです。短期的には電気料金の上昇が考えられますが、省エネなどでこれを抑制できると思います」

◆◆◆

電力会社などが加盟するドイツ・エネルギー水道連盟によると、2011年の電力発電量の電源比率（推定値）は、石炭が43・3％（前年41・8％）で首位、再生可能エネルギーは19・9％（同16・4％）で2位となり、原発の17・7％（同22・4％）を初めて上回った。福島原発事故を受け、原発計8基が稼働停止していることが大きな要因だ。官民挙げて再生可能エネルギー普及に力を入れていることも背景にある。4位の天然ガスは13・6％（同13・8％）である。

◆◆◆

明日にも事故が

──途上国も含めて地震や津波の多発国で原発が広がっています。どう考えますか。

「各国には主権があり、原発の断念を強要することはできません。だが問題があります。（地震国も含め）先進国が原子力を利用し、途上国も追随を望んだのです。しかも、ドイツやフランス、日本などの企業はこうした途上国に原発を輸出しようとしてきたのです。このため、途上国に脱原発を指示するようなことはできません。（先進国は）エネルギーの選択肢を途上国に提供しなければなりません。省エネ技術や再生エネルギーの開発についての選択肢です」

「テロや航空機墜落事故も原発の危険性を高めます。あらゆることを想定に入れるべきなのです。問題は、いつ起こるか分からないことです。だが、それが起こったときは、もう遅い。それは100年後かもしれないし、明後日かもしれません」

ドイツのエネルギー、保険、電機大手などによる企業連合は、サハラ砂漠などに鏡で集めた太陽熱で蒸気を発生させる太陽熱発電所のネットワークを構築して欧州に送電し、2050年までに欧州の電力の15%をまかなう計画を打ち出している。北アフリカの成長とともに、欧州の温室効果ガス排出量の削減も狙っている。

アフリカから欧州送電が当たり前に

——米国、フランス、中国など多くの国が原子力に頼る政策を推進しています。原発のない世界は果たして可能だと思いますか。

「実現可能だと思います。わたしはもう生きていないかもしれないが、2050年にはその質問をしたり答えたりすることは笑われてしまうでしょう。電源として石炭や原子力の使用をやめることには、疑問の余地がなくなっているでしょう。そのときにエネルギー供給はほとんどが再生エネルギーとなっていると確信しています。たとえば、サハラ砂漠からの欧州への送電などは例外ではなく、当たり前となっているのです」

［聞き手：高橋秀次ベルリン支局長、写真：ティム・ブラケマイヤー・契約フォトグラファー］

インタビューを終えて

「人類は原子力を制御できない」。シュレーダー前首相がインタビューでこう言いきったのを鮮明に思い出す。「わたしが10年前に推進した脱原発が、社会的にも政治的にも広く受け入れられた」と力説し、自らが推し進めた脱原発政策が正しかったことをアピールした。その歯切れのよさと能弁な語り口は、現役時代と変わらない。

ドイツはこれまで、日本の科学技術や安全基準を高く評価してきた。それだけに、福島の事故はドイツでも衝撃的だった。物理学者でもあるメルケル現首相も記者会見で、「想定外の事態が連鎖すれば、ドイツでもフクシマと同様の事故が起こりうる」と語ったほどだ。

ドイツでは、地震も津波もない。厳格なこの国の人々は「最悪の事態」をいつも想定している。想定の一つは大洪水であり、また、航空機の墜落やテロ攻撃である。原発を段階的に廃止していこうとするシュレーダー氏らの左派陣営と、既存の原発をできるだけ長く温存しようとしたメルケル首相ら保守・中道陣営による政策対立が、10年間続いてきた。

この10年論争が、図らずも福島事故で終止符を打った。

印象に残ったのは、ドイツは脱原発にあたり再生可能エネルギーの拡充に道筋をつけようと努力していたことだ。経済大国にとって拙速な原発の停止が非現実的なことは明白だ。高級車ベンツなどで有名なドイツ企業にも大打撃となる。その代替エネルギーとして、官民挙げて風力や太陽光などの再生エネルギーを育成したことを強調するのも、シュレーダー氏は忘れなかった。

左派のSPD内で現実主義者として知られていた前首相。脱原発という「理想」を実現するため、しっかりとしたエネルギー政策と再生可能エネルギーの普及促進に向け現実的な「哲学」を持っていたことが分かる。地震国でありながら原発に依存しすぎ、再生可能エネルギーの育成を怠った日本にとって、あまりにも学ぶべき点が多い。

福島第1原子力発電所3号機
［2011・3・16空撮、写真提供：東京電力］

1979年3月28日に停止した
スリーマイル島原子力発電所［UPI］

発揮された日米のパートナーシップ

米元副大統領
ウォルター・モンデール

Walter F. Mondale

1928年、米ミネソタ州セイロン生まれ。51年ミネソタ大卒、56年、同大学院修了。弁護士となり、60—64年、同州検事総長。64年、副大統領になったハンフリー上院議員の後任に指名されて上院入り。66年と72年に再選。77年—81年には、カーター政権で副大統領も務めた。84年には民主党大統領候補として、再選を狙う現職のレーガン大統領に挑んだが大差で敗北。93年8月—96年12月まで駐日大使を務め、2008年の大統領選では、オバマ大統領の対日政策を練る「日米政策委員会」の名誉議長に就任した。

1979年3月28日、米ペンシルベニア州のスリーマイル島原発で、米史上最悪の原発事故が発生した。同原発2号機の機器の故障と人的ミスが重なって大規模な炉心溶融が発生、放射性物質が外部に放出され、周辺住民が避難する騒動になった。燃料が損傷、炉心構成物質の45%(62トン)が溶け、うち20トンは圧力容器の底に落下した。

容器は壊れず大量の放射性物質放出は回避されたが、その後の調査で、原子炉が崩壊する大規模事故寸前だったことが判明。原発の安全性への不信感が広がるきっかけとなった。

当時、米副大統領として事故対応にあたり、原発の脅威をまざまざと実感したのがウォルター・モンデール元駐日大使だ。約3年3カ月間の駐日大使時代には、福島原発も数回視察、専門家でも予測できない原発の脆弱性に強い懸念を示す。日本へ深い愛着を持ち、日本には早期に復興し代替エネルギー分野をリードするよう望んでいる。

宣伝された「安全」

――あなたが副大統領として対応したスリーマイル島事故の教訓は、福島原発に生かされたと考えますか。

「スリーマイルは非常に深刻な事故でしたが、津波がありませんでした。この事故と今回の日本の経験を簡単に結びつけることはできません。しかしスリーマイル事故後には、米国の原発は再発防止のためいくつかの改良がなされましたし、米国や世界の原発建設にも影響を与え、人々は原発の安全性をこれまで以上に心配するようになりました。福島の事故も世界の多くの国の原発建設を遅らせることになるでしょう。

米国は2001年の9・11テロ後、テロリズムのことを懸念してきました。心配したことの一つは、テロリストが原子力エネルギーを悪用して、わが国に深刻な被害を与えたり、兵器級の物質を盗んだり、その他の多大な打撃を与えることです。そうした可能性を防ぐため、原発の防護を強化しました。それが十分だったかどうかは、わたしには分かりません」

――駐日大使時代に福島原発をかつて数回視察したと聞いています。当時は何を感じましたか。

「東京電力の幹部や原子炉を製造した米ゼネラル・エレクトリック（GE）社の社員らと共に福島に何度か行って、原発を見ました。わたしは専門家ではありませんが、最高の先端技術でエネルギー供給をし、環境にも優しいとあらゆるよいことが宣伝されていました。間違いなくよい物に見えましたし、われわれは全員、素晴らしいものが作られているとほめたたえました。問題を見つけることができず、苦い思い出です。スリーマイルは完全に安全な原発だと思っていたが、違いました。福島原発も完全に安全だと思っていました。わたしはそこに行ったのです。でも津波が来て、津波のまえには知らなかったことを今は多く知り、欠点があることが分かりました。原発の冷却装置が津波に対して脆弱だったこともその一つです。人間が考えつかないような危険が起こりうる原発に対し、これまでどれだけ危険性を認識していたのでしょうか」

◆◆◆

福島原発事故にもかかわらず、オバマ米政権は地球温暖化対策の一環として、スリーマイル事故以来、米国では初となる原発の新規建設を推進する意向だ。リベラル派政治家として50年近い政治キャリアを誇る民主党重鎮のモンデール氏は、オバマ大統領の外交アドバイザーとして、対日政策や原子力政策を熟知している。氏はオバマ政権の原子力政策をどう見ているのだろうか。

決まらぬ廃棄物の処分法

——日本はエネルギー政策でどんな道を目指すべきだと考えますか。

「日本は多くのエネルギー需要がありますが、国産の石炭や石油、ガスが少なく、外国からの輸入に頼っています。しかし日本には科学技術があり、代替エネルギー開発に力を入れています。風力や太陽光などをもっと効率的に使えるようになれば、素晴らしいことです。日本はこの分野で世界の先頭に立ってほしいと思います。それによって世界の役に立ちますし、日本が外国の石油への依存も減らせます。広島、長崎の経験を持つ日本以上に核兵器の危険性を知っている国はありません。日本は原子力や核のスペシャリストです。さらに今や福島原発事故も経験しました。今後われわれがどうするべきかを見出すために、日本は手助けしてほしいのです。

しかし、日本が今後、新規のより安全な原発を建設するかどうかはわたしには分かりませんし、わたしが決めることでもありません。わたしは駐日大使だったときの１９９５年１月に起きた阪神大震災直後に神戸にも行きました。自分が弱い存在かを感じたければ、自然が本当に怒ったときにどれほどのことが起きるかを見てみるといいでしょう。原子力は魅力がありますが、本当に大丈夫なのか、しっかり向き合わなくてはいけません。

米国は使用済み核燃料の問題で研究を重ねましたが、いまだに処分方法が決まりません。問題解決にはほど遠い状況です。日本には多くの使用済み核燃料があると聞きましたが、いまだにだれも解決できていない大きな問題となっています」

「オバマ大統領は、地球温暖化対策のために米国で新規の原発建設を行うと言いました。今でもこの政策は変わっていません。しかし福島原発事故があり、スリーマイル事故のときのように、世界の多くの国で原発開発に遅れが出ることは確実で、恐らく米国でもそうなるでしょう。

ただ東日本大震災後も中国などが原発建設を発表したように、建設自体は中止にならないでしょう。わたしも原子力を使用するべきではないとは言いません。前に進むためになんらかの方法を見つけられるのではないでしょうか」

◆◆◆

2010年10月に出版した自伝『グッド・ファイト』でモンデール氏は「日米同盟が世界でもっとも重要な二国間関係だ」と強調した。しかし駐日大使時代には1995年の米兵による沖縄少女暴行事件に直面した。当時のことを「夏休みで一時帰国していた米国から東京に戻った瞬間、空港で事件を知らされた。そのときはまだ大きなニュースにはなっていなかったが、沖縄の駐留米軍の実情を知っている者は全員、ガソリンが充満した部屋でだれかがマッチをするのを待っている状態になっていたことを知っていた」と振り返った。日米同盟の危機を身をもって感じ、「日本との同盟関係のもとでアジアにプレゼンスがあることは、世界のなかでの米国のもっとも大きな強みの一つだ」と強調する。同事件がきっかけとなって、海兵隊普天間飛行場（沖縄県宜野湾市）の移設の合意につながった。

◆◆◆

すぐにでも駆けつけたかった

――東日本大震災の被災地救援のためのトモダチ作戦で日米同盟の意義が見直されました。

「阪神大震災のとき、日本政府は米軍の関与にはきわめて消極的でした。テントを持ち込み、時々トラックで水を運び入れるのを許可した程度で、ほそぼそとした周辺のことを除けば、米軍が本格的に関与することは望みませんでした。ですから福島原発事故への対応で日本政府が米軍を招待して受け入れ、緊密に協力したことは喜ばしい。われわれはとてもいい仕事をしました。互いに必要としているのです。福島原発事故後、米国の原子力専門家は、即座に日本の専門家と連絡を取り、事故を起こした原発の被害が拡大しないよう活動しました。

日本政府は米軍を受け入れることにリスクを感じなかったのでしょう。わたしもリスクがあるとは思いません。とにかく米軍の支援に対して日本からの抵抗はなく、日本も米軍の支援をよいことと感じていてほしいのです」

「われわれが繊細に注意深く対応していけば、日米のパートナーシップは世界で類いまれなものであり続けます。両国がやるべきことは、若者同士を引き合わせ、互いの言語を学ばせ、人間として互いを尊重するようにさせることです。日米同盟はつねに強化されています。日米同盟がなければ、米国は望むことをできないし、日米同盟は米国のアジア地域での存在をしっかりと支えています」

「沖縄での米兵による少女暴行事件は、ひどい事件でした。多くの国が『日米関係が壊れる』と感じました。しかし壊れることなく、なんとか維持することができました。米国は日本と交渉する際に、日米両国の意思決定システムが違うことを理解して、辛抱強くならなければなりません。米国は個人主義になりがちで、ボスが決定を下します。『根回し』はありません。しかし、普天間飛行場の移設のような問題では、注意深く時間をかけて調和をつくりださなければいけません。とはいえ、普天間の移設問題は日米間の中心的な問題でもないし、明日解決しなければならないわけでもない。前進を目指して取り組みを続けていくことが大事です」

――日本は大震災で大きな被害を受け、復興に時間がかかっています。日本は国力が弱まっていますが、一方で中国などアジアの各国はどんどん力をつけています。アジアで今、日本はどんな役割を果たせるのでしょうか。

「中国は敵ではないし、敵だと考えるべきでもないでしょう。中国がアジアや世界に対していい影響を与えるように促さなければいけません。ただ中国は軍事費を増やし続けており、強固な日米関係は地域の安定に寄与します。アジア全体が日本を必要とし、米国を必要としています。アジア諸国はいつもそう口にするわけではないけれども、われわれは必要とされているのです」

「地震と津波で傷つきましたが、日本は経済的な活力を取り戻し、世界の経済大国の一つとして復活してほしい。日本がアジアを牽引することが重要です。またもし日本が安全で環境にも優しいエネルギー生産の方法をつくり出し、経済が復活できたら、世界への非常に大きな貢献になります。

日本と米国は国連のほか、アジア太平洋経済協力会議（APEC）などで共に問題に取り組んでおり、日本のどこに行っても米国の存在を見つけられます。日本は政府開発援助（ODA）を削減せざるをえませんでしたが、また豊かになればなるべく早く再開してほしい。こうした支援は発展途上国の状況を大きく変えられます。日本は対テロ政策でも米国と協力しています。テロ攻撃から身を守るためにはあらゆる人の助けが必要です。国際テロ組織アルカイダの指導者だったウサマ・ビンラディン容疑者を見つけたことは大きな前進ですが、これだけでは問題の解決にはなりません」
「日本人が東日本大震災で、威厳と他者への敬意を持って対処したことに世界中が感動しました。多くの人が苦しんでいるし、家族を失った傷は決して癒えないかもしれません。しかし世界中がどれほど彼らを尊敬し、彼らの精神がどれほどわれわれを救ったのかを知ってほしいと思います」

［聞き手：芹田晋一郎ワシントン支局員、写真：鍋島明子］

インタビューを終えて

「あれっ、どこに置いたかな。確かこの辺にあったはずなんだけど、ないなー」。モンデール氏にインタビュー後、日本の思い出の品があれば、一緒に写真撮影したいと頼んだときのことだ。オフィスの机の引き出しや本棚など、あちこちを探したが見つからない。秘書が自分の引き出しの奥のほうからようやく見つけ出してきたのは「桐花大綬章」だった。

２００８年秋の叙勲で贈られたものである。頑丈な黒いケースを開けると、朝日が周囲を照らす様をデザインした、日章を中心にして桐花があしらわれた勲章が、美しい輝きを放っていた。本棚や机の上には友人らから贈られた記念品や家族との写真が、ところ狭しと置かれている。「勲章も一緒に並べないのですか」と尋ねると「まあいいんだよ」と言って、はにかむように笑った。家族や友人を大切にする飾らないモンデール氏の姿がそこにはあった。

インタビューしたのは、ミネソタ州ミネアポリスの街並みが一望できるオフィスビルの一室。二日前にはミネアポリスを竜巻が襲い死傷者が出た。「あの辺りの被害が一番大きかった」。街の一角を指さし顔が曇る。「東日本大震災とは比べものにならない小さな被害だったけれど、自分の街だから心配だし、何かしなければいけないと思うんだよ」。被災者への温かい思いやりが自然と口をついて出た。

だがインタビュー中は別の顔を見せた。年齢をまったく感じさせず、矢継ぎ早に繰り出すこちらの質問に、言いよどむこともなく原発のあり方から日本への期待、日米同盟の重要性まで鋭い視線を放ちながら熱く語った。唯一言葉に詰まったのが、1995年の米兵による沖縄での少女暴行事件に言及したときだ。「ひどい事件だった……」。苦渋の表情を浮かべ、日米同盟が危機に瀕したと振り返った。

駐日大使時代には、少女暴行事件のほか94年の北朝鮮核危機や96年の台湾海峡危機など、東アジアで三つの大きな安全保障上の危機があったと指摘したモンデール氏。次々に起きる事件に振り回され多忙を極めたが、当時外相だった河野洋平氏を含め政財界などに多数の友人をつくり、日本への愛着は強い。

「本当はすぐにでも日本に行きたい。でももう年だから、長時間飛行機に乗っているのが辛くてね」。東日本大震災の発生を知り、駆けつけたいと考えたが、実現できなかったと悔やむ。被災者へのメッセージを問うと、体を乗り出して「世界がどれほど彼らを尊敬し、彼らの精神がどれほどわれわれを救ったのかを知ってほしい」と力を込めた。モンデール氏が今、一番日本人に伝えたい言葉だ。

絶望に響く言葉の力

ペルー・作家
マリオ・バルガス・リョサ

✦✦✦ Mario Vargas Llosa

1936年、ペルー南部太平洋岸のアレキパ生まれ。
サンマルコス大で文学と法学を専攻したあと、スペインに留学し哲文学博士号を取得。
ラジオ局の記者などをしながら小説の執筆を開始する。
『都会と犬ども』『緑の家』『ラ・カテドラルでの対話』など話題作を多数発表した。
76年、国際ペンクラブ会長。
87年にはペルーで政治団体「自由」を創設し、
90年にはフジモリ大統領の対抗馬としてペルーの大統領選にも出馬し、落選した。
オックスフォード大、ハーバード大などで名誉博士号を授与され、
2011年には東大から名誉博士号を与えられた。

時空を縦横に結ぶ長編小説を多数発表し、権力に直面する個人の苦悩と反抗を描いてきたペルーの小説家マリオ・バルガス・リョサ氏は、2010年のノーベル文学賞を受賞した。東日本大震災から3カ月強、6月下旬の来日時のインタビューで、「文学は戦争や大災害で絶望する人々を連帯させ、よりよい社会に変える力を持つ」と語った。日本をこよなく愛するリョサ氏が今、日本に望むのは、近代化と精神の豊かさを合流させた新たな文明の創造だ。

時代に立ち向かう

——東日本大震災だけでなく、戦争など今なお世界の多くの人々は苦悩のなかにいます。文学は彼らに何を与えられるのでしょうか。

「東日本大震災は世界が注目する大惨事です。わたしはフランスの哲学者であるジャン・ポール・サルトルがいった『作家はつねに自分の時代に立ち向かわなければならない』という言葉の実践を心がけています。つまり、文学は人間を目覚めさせ、つねに正義と進歩を目指すものですから、時代に立ち向かうことで作家が世界の苦しむ人々に与えられるものがあります。
小説は単なる楽しみ、余興という考えは捨てるべきです。もちろん文学は虚構を描きますが、文学が描く虚構を理想と対比することで今の社会の不正を浮かび上がらせ、『現状には満足できない。変えよう』と立ち上がり連帯する力を読者にもたらすことができます。人々が生きている日常にある言葉の壁、宗教の壁、偏見の壁を打ち破り、孤独な者同士をつなげられます。文学とは偏見を防ぐものです。言葉は行動であり、読者の人生に足跡を、大きな影響を長く残すものです。文学は読み継がれることで、未来の世代にも共有されます。作家は文学を通して行動するのです。実際、多くの作家が行動し正義を実現してきました」

――文学が「連帯する力」を与えるとは、どういうことでしょうか。

「わたしはかつて『密林の語り部』という小説を書きました。わたしが若い頃アマゾンの現地に入って調べるなかで知ったアマゾンの語り部は、点在する少数部族を回り、その周辺の部族に関する物語を語り知らせることで、バラバラに住む部族が孤立しているのではなく、じつは大きな『家族』に属していることを認識させていたのです。アマゾンの少数民族は当時、政府の侵略と近代化によって、固有の文化を失いつつありました。語り部はそんな境遇の部族の人々に連帯感と力を与えていました。その話を聞いたとき、この語り部がやっていること、つまりいろいろな人々に読んでもらえる小説を書き、『自分は孤立していないのだ。大きな家族の一部なのだ』と思ってもらうことこそ、文学者であるわたしの仕事だと思ったのです」

「人間とは複雑で多様で矛盾に満ちています。作家とはその人間のもっとも素晴らしい洞察者です。民主主義はもちろん不完全なものですが、世界の政治制度を見渡せば、ほかの制度よりはよいことに気づきます。しかし民主主義には創造的、批判的な個人の参加が必要であり、大震災からの復興でもそうなのです。文学は想像力を豊かにし、批判的精神を養います。自由な社会とはよき読者、つまりよき批判者がいる社会です。文学は、批判精神を持ち逆境に立ち向かう人々の一助になるべきなのです。

わたしは母国ペルーの軍事独裁を知っていますが、彼らはいつも文学を恐れました。文学は人に批判精神や連帯する力を与えるため、彼らには脅威と映ったのです」

◆◆◆

「時代に立ち向かう」はリョサ氏の小説家としての一貫した姿勢だ。暴力的な父のもとで育った少年時代の屈折、通った軍人養成学校で体験した集団生活が持つ不条理、母国ペルーの長く続いた独裁体制と貧困、暴力に抗し、拒絶し、言論の自由を求める戦いが、リョサ氏のいう「時代に立ち向かう」という言葉の背景にあるものだろう。来日は4回目だ。震災直後には放射性物質による汚染を恐れて外国人の訪日中止が続いたが、リョサ氏は予定通り夫妻で来日し、ファンを喜ばせた。

物質主義を捨てて

――科学技術など近代化は人々を豊かにしましたが、東京電力福島第1原発事故という甚大な災害ももたらしました。われわれは追い求め、享受してきた近代化を反省すべきなのでしょうか。

「たとえば、医療の進歩がわれわれの病気を治し、生活をよいものにしたのは事実です。近代化に背を向けるべきではありません。しかし、進歩には危険性もあります。物質主義は感情や感受性、個人の精神を破壊し、専門外の人間との会話を奪い、人々を孤立させ、非人間的な社会をつくるものです。たとえば、メディアでは経済・金融などの目先のニュースは大きく取り上げられるものの、文学、美術、音楽、舞踏など文化・芸術の記事は注目されません。人生の目的とは財産を殖やすことだけではないのです。物質的な進展と豊かな精神性を調和させせなければなりません」

――日本では今回の震災からの復興では、小規模集落や伝統の保存など、文化をどう守るかが議論されています。

「近代化は小さな文化を消しがちですが、伝統文化の力を守り共存する方程式を探らなければなりません。巨大なグローバル化の波が襲う世界で、伝統的な文化はわれわれが重視すべきもう一つの原則を示します。それは、東日本大震災を受けて、日本で問われ直されている、人間と自然との関わり方、自然への尊敬を教えてくれるのです。伝統文化は近代化の障害でなく、われわれの財産だと考えるべきなのです」

◆◆◆

「近代化と人間」はリョサ氏の小説に一貫するテーマだ。東日本大震災と福島原発事故が突きつけたのも「近代化は人類に恩恵をもたらすが、ときに災厄ももたらす。近代化を受け入れつつ災厄を防ぐにはどうすればよいか」という根本的な疑問だ。洋の東西を問わず先進国では工業化の進展で、①都市への人口の集中、②市場経済の確立、③大規模工場制の出現、④政府内の官僚制度化の進展、⑤専門・技術教育の普及、⑥マスコミの発達と大衆社会化、⑦合理主義、個人主義、業績主義の浸透——などの近代化が実現した。それは欧米で最初に勃興し、途上国が続き、物財の豊かさを重視する物質主義が副産物として生じた。これに対して近代化がもたらす貧富の格差、グローバル化によって引き起こされる富裕層と貧困層の固定化、環境や文化の破壊などの弊害に注目が集まり、精神的な価値を重視する論が起きている。リョサ氏が指摘するのもそうした近代化のマイナス面だ。

小説に託す理想

——科学技術がもたらす恩恵と危険の両面を体現しているのが原子力です。日本ではエネルギー源として原子力をどう位置付けるかの論争が起きています。原子力についてはどう考えますか。

「わたしは今、科学の限界、自然の力を目の当たりにし、エネルギー政策を変えていかなければならないと深く思います。じつはわたしはこれまで原子力は安くエネルギーを提供すると思っていましたが、東京電力福島第1原発の事故を知り、考えを変えました。自然に挑戦するリスクはあまりに大きく、文明が破壊される恐れがあるのです。つまり、与えられるものより失うもののほうが大きい。多くの人が今回の事故でこの結論に至ったと思います。このエネルギー源を拒否し、リスクのないものをつくることに、世界は一緒になって挑戦するべきです。文学者や知識人、ジャーナリズムは議論を起こしましょう。福島原発事故の重大な教訓を世界はないがしろにしてはならないと思います」

◆◆◆

1950年代から60年代にかけて、中南米の各国では独裁が続いた。リョサ氏ら中南米の若手作家はこの混乱期に実験的手法と物語性を組み合わせた作風で登場、人間の抵抗をたたえる作品で民主化に貢献した。

「歴史を振り返れば、混乱し不安定な時期ほど素晴らしい小説が生まれている。ラテンアメリカでは人々がこれからどんな将来が来るか見通せないときに、よい文学が生まれた。混乱、不条理でなく理にかなったよい社会を求める心が小説に託された」とリョサ氏は語る。混乱を迎えた日本でも文学が華やかに実り、大きな変革の前触れとなるのだろうか。

◆◆◆

――日本は震災からの復興後、どんな国になると予想しますか。

「世界は今、苦難のなかでも冷静さと秩序を失わずに立ち向かう日本から学ぼうとしています。限られた国土と資源でも、日本は大国となりました。今回の来日でも東京の街を歩いてみて感じたのですが、近代化し大国になったにもかかわらず、日本人は信仰心、宗教を忘れていません。大地震という国難に見舞われている最中であるにもかかわらずです。

わたしたちはそれを見習うべきです。日本には文化や精神の力があり、伝統文化の保持に成功しました。また、これほど様式美が人々の日常生活に関わっている国もありません。日本人の生活がいかに美しいものであるかと、いつも驚きます。今後も日本文化を絶対に失ってほしくないと思います」

「これからの世界は文学や美術や音楽など、人間のあり方、価値を示すものが役割を果たすはずです。かつて日本は『飢餓に対する戦い』に勝利し、豊かになることで世界の模範となりました。今度は物質主義ではなく、経済的な豊かさと文化的な価値を融合した新しい市民文明をつくる戦いでも模範となってほしいと、わたしは考えています」

［聞き手：杉田弘毅、写真：有吉叔裕編集委員］

インタビューを終えて

20世紀後半からラテンアメリカは、バルガス・リョサやガルシア・マルケス、ロベルト・ボラーニョら世界を魅了する現代文学の旗手たちを生み続けている。米国からも欧州からも、これほど世界で読まれる刺激的な小説家は今、生まれていない。なぜなのだろうか。

バルガス・リョサ氏がインタビューで述べた「歴史を振り返れば、混乱し不安定な時期ほど素晴らしい小説が生まれている」「理にかなったよい社会を求める心が小説に託された」という言葉を聞いて、なるほどと納得がいった。

リョサ氏はスケールの大きな作品を多く発表している。その小説世界は自然の力が渦巻き、独裁、暴力、貧困、差別に翻弄されながらもしたたかに生きる人間を描くには、もってこいの舞台設定となっている。１９３６年、ペルーに生まれたリョサ氏にとっては、そうした舞台はとても身近なものだっただろう。彼はその荒々しい世界で、独裁政権に抗して言論の自由をめぐる戦いを続けてきた。

このインタビューでは、戦争、貧困、そして東日本大震災に打ちのめされ、絶望の淵にある人々に、文学は何を与えられるのか、を聞きたかった。彼が普段、心にかけている課題だったのだろう、長時間にわたって「文学が持つ、人を結びつけ、世界を変える力」を説いた。その生真面目さが新鮮で、不意打ちを食らったような気持ちだった。

インタビューの前日に東京大学で行われた名誉博士号の授与式のスピーチでは、「作家であるわたしに課せられた責任」を述べ、「書くというのは孤独な行為だ。毎日何時間も孤独な作業を続ける。人生を完全に捧げざるをえない」と作家の心構えを語った。酒もたしなむ程度で、酒場は嫌いと言う。老齢の域に達しながらも、真摯に自分の時代にコミットする姿勢は、すがすがしい。

「自由」を徹底的に尊ぶ。米国が始めたイラク戦争への理解を表明したことで「ネオコン（新保守主義者）」と呼ばれたり、あるいは政府の規制への反発から「新自由主義者」と批判の対象になったこともあった。インタビューの発言からは、個々の人間の持つ豊かな精神性や文化の否定は許さないという意志が感じられた。

近代化と固有の文化の双方が息づく日本に大きな関心を持つのは、リョサ氏の信条からすれば、理解できる。近代と伝統の融合をテーマとする彼が、東日本大震災を経て、「物質主義でない文明をつくる模範」を日本に期待するのは、単なるお世辞ではないだろう。

原子力は「怪物（リバイアサン）」である

伊・政治哲学者
アントニオ・ネグリ

Antonio Negri

1933年、イタリア・パドゥア生まれ。

パドゥア大教授に就任しスピノザ、マルクス、フーコーを研究、労働者自立運動を提唱した。

70年代にテロに関わったとされ、逮捕・起訴される。

2003年に釈放され、今はイタリアとフランスを往来し活動を続ける。

08年に訪日を予定したが、収監歴を理由に日本外務省がビザの取得を求め、結局実現しなかった。

主な著書や共著に『構成的権力』『帝国』『マルチチュード』などがある。

イタリア人の政治哲学者アントニオ・ネグリ氏は、冷戦後のグローバル化した世界の覇権状況を解説した世界的ベストセラー『帝国』で知られる。ネグリ氏は東京電力福島第1原発の事故を9・11テロから続く「21世紀の悲惨な悲劇」と位置付け、原子力は単なる産業システムではなく、国家中枢の政治システムに巣くう「リバイアサン（怪物）」であると定義した。そして政治家でも、資本家でも、科学者でもなく、「われわれ」こそが、どの科学技術を使っていくかの選択の力を持つべきだと訴えた。

原子力国家

――21世紀に入ってから、9・11テロ、リーマン・ショック、そして東日本大震災と世界史的な事件が続いています。

「今世紀は疑いなく、最初から悲惨な出来事が起きています。新自由主義者がいう『歴史の終わり』でなく、今世紀は調整の世紀であるという以外にありません。9・11は西洋に対するイスラム圏の反発の強さを示し、西洋の覇権では両者の溝は克服できないことを分からせました。リーマン・ショックは西側の経済・財政システムの腐敗がいかに根深いかを証明しました。

そして東日本大震災は、自然を克服する努力には限界があり、20世紀後半から出現した『原子力国家』は幻想だったことを明らかにしました。原子力の危険は発電所の事故という惨事だけではないのです。米スリーマイル島原発事故は原子力破局の始まりであり、旧ソ連のチェルノブイリ事故は科学技術の弱さを見せつけました。一方、福島事故は政治・産業システムの巨大な問題を浮き彫りにしました。

地震多発地域に建てられた原子力発電所の安全性を保証するという馬鹿げた政策がとられ、国家権力はその権力を永続させるために、原子力発電所が危険であるにもかかわらず、その絶対的な安全性を保証しなければならないのです。原子力に国家体制を捧げることになり、原子力は国家の形を変えてしまう一種の怪物になる。その意味で国家は一種のリバイアサン（怪物）に取りつかれてしまうのです」

「経済、財政、金融、エネルギーが原子力と結びついている現状を考えると、原子力国家の危機は永遠に続くと思います。フランスを見てみましょう。フランスの原子力産業は政府と結びつき、脱原発はじつに難しい。原子力はフランス経済全体に関係を持ち、原子力を抱えるかぎり、今の経済危機からの脱却もできないことになります」

◆◆◆

ネグリ氏は行動派知識人だ。早くから共産主義運動に身を投じ、労働者自立運動（アウトノミア）を提唱した。1970年代に吹き荒れた政治テロで一躍有名となり、アルド・モロ・イタリア元首相の暗殺を実行した「赤い旅団」の思想的リーダーとされた。79年には逮捕・起訴されたが、獄中からイタリア議会選に立候補し当選。議員の不拘束特権を利用していったん釈放され、再逮捕される直前にフランスに亡命し、フランスで研究活動を続けた。97年に刑期を務めるために自発的にイタリアに帰国し収監され、のち2003年4月に釈放された。米デューク大教授マイケル・ハート氏との共著『帝国』はこの頃書かれた。

ネグリ氏のいう「リバイアサン」とは、旧約聖書に出てくる制御不能な海の怪物で、人に取りつくことで知られる。17世紀の思想家トマス・ホッブスは、著書『リバイアサン』で、人間の闘争本能をもとに、なぜ国家は軍事大国化するかを説明し、弱肉強食に陥りやすい国際政治を分かりやすく解説した。

◆◆◆

——欧州にはドイツやイタリアのように脱原発を決めた国もあります。

「わたしは原子力から脱却する必要があると信じています。ドイツは環境派が脱原発で力を合わせ、産業資本と密接な関係を持つ労働組合までも加わりました。そしてカトリック教会も合流して、風力やその他の別のエネルギー源を見つけようと決めたのです。ドイツは経済大国で、アフリカの小国ではありません。産業エネルギーの供給がきわめて重要な大国が脱原発を決定したのですから、脱原発は世界中の国々で実現性があると見るべきです。資本主義、物質主義の思想が、今では脱原発を支持しているのです。核廃棄物をどう処理するかという問題が解決できない以上、世界はドイツと同じ道を歩むと思います」

多極化の世界と日本

――新自由主義の話が出ました。東日本大震災と福島原発の事故は新自由主義の今後にどんな影響を与えますか。

「新自由主義の行方は明らかに今世紀の中心となる問題です。米国の覇権と新自由主義がどうなるかはずっと議論されてきました。新自由主義は矛盾をはらんでいます。一方で社会と市場の自由化を促しながら、他方で国家をさまざまな意味で巨大化しています。原子力国家もその一例です」

「17世紀の欧州は、資本主義が発達する一方で人文主義を維持しようという動きが強まる分岐点でした。日本のこうした分岐点は19世紀でしょうか。欧州では人文主義が負けました。当時は信じがたい虐殺の戦争が続き、資本主義が発達しました。自由を求める人々は北米大陸に逃げ、そこで自由な共和国をつくりました。これがガス抜きになったのです。しかし原発を抱える今の世界はどこにも逃げられません」

「米国の覇権、単独行動主義、ワシントン・コンセンサスと呼ばれる『小さな政府』『市場原理』などの原則は今、深刻な危機にあります。ブッシュ政権の末期は米国システムの危機、新自由主義の危機の決定的瞬間でした。そしてリーマン・ショック前後から、世界は米国の指示から独立し多極化に動き始めています。中南米は、かつては完全に米国に従属していましたが、今は独立した状態です。中南米、中国、インドは米国の敵ではないものの、これまでより独立しています。そしてそれぞれが新たなシステムをつくる拠点となっています。世界の交流は『北』から『南』に向かうだけでなく、今は『南』と『南』の間で起きています。米国の覇権の衰退が加速しているのです」

「世界のシステムを民主化できなかったオバマ大統領には失望しました。それだけ軍事産業が米国の国家構造のなかに完全に入り込み、軍事産業からの脱却は不可能なのです。外部のロビイストは存在せず、皆が国の役人として入り込んでしまった。原子力がリバイアサンとして巣くったときと同じように国家システムが硬直しています。あなたがたもオバマ大統領には失望したでしょう。われわれはグローバル化した同じ『帝国』に住んでいるのです」

◆◆◆

帝国とはもともと、皇帝が元首である国家をいう。ローマ帝国、大日本帝国などがその例だ。しかし国際政治の分野では、欧州諸国が海外に進出し、他国を征服して強大となった国家を指すようになった。小国の存立を犠牲にして、自国の領土・権益の拡張を目指す侵略的傾向を帝国主義と呼ぶ。冷戦終結後は米国が唯一の超大国として「帝国」と呼ばれだした。一方、米国は露骨な領土獲得をせず、同盟関係や貿易、資本力、文化力などで影響力を行使することから、旧来の帝国とは異なる面も持つ。

ネグリ氏の著作『帝国』は、世界経済の主役として振る舞い、対テロ戦争で世界に兵を送った米国の行動を意識しながらも、グローバル化した世界では国家を超える存在として「帝国」と呼ぶべき主権形態が出現していると述べている。簡略にいえば、米国を中心とする国家群、グローバルな企業群、国連などグローバル国際機関、世界に影響力を持つメディアなどが世界の権力を構成しているというのがネグリ氏の「帝国」の定義だ。

◆◆◆

——日本では大震災で国家の力が弱まったため、米国との軍事的な関係を強化しようという世論があります。

「日本は戦後、米国から優先的に扱われるという待遇を享受してきましたが、その代償を今、払っています。ドイツは同じ敗戦国ですが、欧州に頼ることで米国から高い独立性を維持したまま再建できました。しかし、日本はそうしなかった。1990年代、日本は産業面で米国を追い越し、両国間の大きな危機となりました。今は多極化の世界です。日本とブラジルの関係はかつて強力でしたが、今は弱体化し、ブラジルにとってアジアのパートナーは中国に代わりつつある。日本は両側に、米国と中国という2大国があるというユニークな位置にあるが、米国との関係を戦後ずっと優先してきたため、その代償を払っていると思うのです」

よい近代化

——東日本大震災は自然と人間の共存の仕方も問いかけています。自然を征服するのに使われた近代化、科学技術についてどう考えますか。

「わたしは第2次世界大戦の終戦のときには12歳だったので、戦争の記憶があります。あの戦争では二つの恐ろしいことが起きました。一つはアウシュビッツが代表するユダヤ人の虐殺です。もう一つは広島、長崎への原爆の投下でした。この二つは、かつてはコインの表裏でしたが、広島、長崎は原子力の平和利用というプロパガンダの力によって世界では忘れられがちです。記憶をもう一度取り戻す必要がある。二つとも恐ろしい科学技術の力で行使されたのです」

「欧州では農業は完全に人間の手によって工業化されています。そして市民はその利益を得ています。現在、われわれは医学のおかげで80歳、90歳まで生きることができます。近代化の恩恵です。反面、恐ろしい科学技術もあります。わたしは近代化を『人間の後退』と位置付けるのには絶対反対です。よい近代化もあります。偉大な科学者は資本主義を拒否しましたが、近代化は求めました。ガリレオがその例です。スピノザも近代技術を歓迎しました」

「歴史の前進にリスクはつきものですが、民主的かつ自由な共同体的方法で乗り越えるべきです。その責任は、国家でも政治家でも科学者でもなく、われわれ自身にあるのです」

服従と共同体

——アジアでは「服従」が時に称賛され、災害などの際にその傾向が強く出ます。アジアにおける権力と市民の関係をどう見ますか。

「この問題は日本やアジアだけで起きているものではありません。革命を起こさなければ、従属に満足することになります。しかし、権力は単独では存在できない。権力は他者の服従を求め、それを必要としています。哲学者のミシェル・フーコーが言ったように、権力とはほかのものの行動に対する行動、つまり『関係』と定義できます。資本家は労働者なしには生きていけません。そして社会的価値はつねに労働から生まれます。資本や国家でなく労働がすべてを指揮しているといえるのです。そうみると、存在するとは、それだけで戦うことでもあるのです。権力者との戦いがたとえ服従に終わるとしても、正当な戦い、抵抗を通してのみ、その道を選ぶべきです」

「イタリアのTAV（国際高速鉄道）に反対するピエモンテ州の住民は、すでに高速道路と鉄道が通るこの谷にさらに手を入れることを拒否しています。新しい技術であっても、住民の抵抗に反して進めることはできません。原子力を今後どうするかも含めて、すべての技術は人々が選択するかどうか次第なのです」

――震災後の日本では住民の自発的な結合が多数生まれました。市民がもっと力を持つには何が必要でしょうか。

「危機はいつも好機です。今いたるところで市民の結びつきが起きています。スペインのロス・インディグナドス（怒れる者たち）と呼ばれる運動は、地域のソーシャル・ネットワーク・サービス（SNS、フェイスブックなどのコミュニティー型のウェブサイト）で結びついた人々から始まり、スペイン全土に広がりました。反グローバル運動も1990年代に中南米で始まり、世界のあちこちで自治的活動として再生しています。自治であるためには独自のコミュニケーション手段が必要であり、それがあれば、権力によるコミュニケーションの独占から逃れられます。また金融権力と戦うためには知的財産権など個人の権利を超越しなければなりません。共同体をつくろうという感情を持つことが大事なのです。そうやってわれわれは文明を変えていかなければなりません」

◆◆◆

ネグリ氏は「帝国」に対するものとしてマルチチュード（多様な群）に期待を寄せる。同氏はインタビューで、マルチチュードを労働者階級でも大衆でもなく、「ネットワークによって一つになった個々の個人」と熱く語った。コンピューターによるネットワーク時代の運動を高く評価する。その主体となるのはマルチチュードだと言う。

期待する市民運動の例として挙げたスペインのロス・インディグナドスは、不平等、貧富の格差への怒りから生まれた。2011年5月に座り込みを開始し、スペイン全土に広まり参加者は600万人という。リーダーの不在やSNSの活用など、アラブの春に似ている。この運動は同じ年の秋にニューヨークの金融街の公園を占拠した「オキュパイ・ウォール街」につながった。オキュパイ・ウォール街の参加者がアラブの春やロス・インディグナドスと連携したことも確認されている。さらに彼らの愛読書の一つが、氏の『マルチチュード』だという報道がなされたのも記憶に新しい。

［聞き手：杉田弘毅、写真も］

インタビューを終えて

夏のイタリアは暑い。汗がしたたり落ちる7月末、ベネチアの小路の突き当たりにある自宅でアントニオ・ネグリ氏と会った。投獄や亡命など激動の半生が嘘のように、終始穏やかで饒舌(じょうぜつ)。笑顔がチャーミングな哲学者だ。インタビューしたいと東京からメールを送ると、「フクシマの問題は重要だから、すぐに来い」と返事が来た。

ひきつけられたのは「原子力国家」(nuclear state)という言葉だ。国家は原発の安全性を保証するため、地震や津波が来ても大丈夫、といった「嘘」に始まり、国家の魂までも原子力に売ってしまうという意味だ。

政府・電力業界の数十年間にわたる猛烈なPR攻勢によって、「安全ボケ」に陥った日本を見れば、「原子力は国家を乗っ取る」という分析は的を射ている。津波を「想定外」とする逃げ口上は、安全性の保証を原子力国家の枠のなかでしか「想定」しない習い性の最たるものだろう。

原子力推進派の巻き返しも激しい。安全保障における核抑止力神話からの脱却も難しいが、「エネルギー源として有力」という心の奥に住み着いた原発神話から逃れるのも難しい。

ネグリ氏の訪日は2度とも中止となった。1回目はテロ組織との関係が疑われたため。2回目は東日本大震災の直後の予定が、地震のためキャンセルとなった。「CIAのブラックリストに載っているから米国には入れない」と冗談風に言ったあと、「日本には行きたい」と付け加えた。

インタビューを終えて日差しが照りつける小路を再び歩き始めると、脱原発を掲げるポスターがあちこちの壁に貼ってある。イタリアは福島第1原発の事故を受けて、脱原発を決めた。青空と太陽の下、「原子力ノー」の文字がまぶしく光った。

群馬県太田市の
太陽光発電パネル

生態系の危機と現代文明

米・環境思想家
レスター・ブラウン

◆◆◆ Lester Brown

1934年、米ニュージャージー州生まれ。

米農務省勤務などを経て74年にワールドウオッチ研究所を設立。

環境問題に関する報告書や政策提言の発表、環境思想の提案などによって世界的に知られる。

食料問題、人口問題、エネルギー問題などに詳しい。

2001年、ワシントンにアースポリシー研究所を設立、代表を務める。

環境シンクタンクの先駆けである「ワールドウオッチ研究所」を1974年に設立、地球環境の破壊や、天然資源を浪費する文明の将来に警鐘を鳴らしてきた米国のレスター・ブラウン博士。福島第1原発事故の悲劇を目にした今こそ、自然の浪費に基づく文明でなく、自然と協調する新たな文明構築に向けた歩みを劇的に速めなければならないと訴える。

ねずみ講経済

――福島の原発事故を見て何を思いますか。

「事故は、世界が直面している三つの大きなリスクに注目すべきだということを示しました。原子力のリスク、地球温暖化というリスク、それと化石エネルギーにまつわる政治的なリスクがそれです。

地震活動が世界でも活発で、人口密度が高い日本に54基もの原発を並べることには大きなリスクがあることは以前から指摘されていたのです。日本は米国やフランスと違って大きな河川がないため、冷却用の水を得るために海岸に原発を建設しなければならない。日本は原発建設にもっともふさわしくない国の一つだといえます。ただし、原子力のリスクは、現代文明が直面する多くのリスクの一つでしかありません。

『アラブの春』といわれる市民運動に象徴されるように、産油地帯にあるアラブ諸国が政治的に不安定になっているというリスクも顕在化しています。化石燃料の大量使用によって起こる地球温暖化のリスクも目立ち始め、干ばつや洪水、山火事などの自然災害が各国で多発しています。太平洋の島国などは海面上昇によって国の存続自体が脅かされるまでになっていますし、世界各国で異常気象による農作物の減収が深刻化しています。

リスクが高まるなかで起こったのが、今回の原発事故でした。現在の文明が抱える巨大なリスクとコストについて真剣に考える機会としなければなりません。高騰が続く穀物価格、増え続ける飢餓人口、国としての体をなさなくなった破綻国家の増加という三つの傾向に注目しています。地球の再生力をはるかに上回るペースで天然資源を浪費することのうえに成り立ってきた現代の文明が、崩壊に向かい始めていることを示しているのです」

——「現代文明が崩壊し始めている」とはショッキングな指摘です。

「人類は、人口増加に対応して、穀物の生産量を増やしてきました。ですが、これまでの穀物増産の大部分は、過剰な灌漑（かんがい）や地下水の汲み上げによって支えられてきたのです。こうした持続可能でない水利用によって生産された穀物に依存する人はインドで1億7500万人、中国で1億2千万人にもなると推定しています。魚の乱獲や森林破壊など、地上のすべての天然資源で減少が目立っています。地球が吸収できる量よりはるかに多くの二酸化炭素を大気中に放出していることを考えても、今の経済は、いつかは破綻するバブル経済、ねずみ講経済だといえるでしょう」

多数の著書や論文で警告を発し、政策提言を続けてきたブラウン博士の最新の著書の題名は『ワールド・オン・ジ・エッジ』（邦題『地球に残された時間』）。原題を直訳すれば「崖っぷちの世界」となる。

滝つぼに向かって

――新しい本の題名に込められた意味は何ですか。

「人類はボートに乗って川を下りながら滝つぼに向かっているようなもので、このままではやがて滝つぼに転落します。一刻も早く天然資源を浪費する文明から方向転換し、全速力で逆向きにこぎ出さねばなりません。そうでないと、経済も環境もだめになり、文明は崩壊します。もしかしたら滝つぼはもうすぐそこにあり、手遅れかもしれないのです」

――今、われわれがすべきことは何でしょう。

「『セキュリティー（安全保障）』の概念を根本から考え直すことです。われわれは二つの世界大戦と冷戦で培われた20世紀型のセキュリティーの概念にとらわれており、セキュリティーというと戦争やテロの脅威からどう国を守るかという議論に集中しがちです。ところが、21世紀のセキュリティーは軍事的手段では確保できません。気候変動、穀物価格の高騰や食糧、水資源の不足、人口増加などが人類の安全を左右する問題となったのです。このセキュリティーを脅かすものが何かを考えれば、新たな経済、新たな文明の姿も見えてきます」

資源の総動員を

「わたしのもっとも重要なメッセージは、『われわれには残された時間は少ない』ということです。セキュリティーの問題なのだから、すべての政府が戦時下の総動員体制のように持てる資源を総動員して、新文明への転換を加速する政策をとらなければなりません。第2次世界大戦に参戦すると決めたとき、米国の産業界はすべての生産力を軍艦や戦闘機などの製造に回し、短時間で大量の兵器を生産しました。これと同じように、経済や生産のあり方を短期間で根本的に変えることが必要です。わたしの試算では、経済の大変革のために必要なコストは年間2千億ドルです。膨大な金額のようですが、世界の軍事費の8分の1、米国の軍事費の3分の1です。文明自体が危機に瀕しているのですから、これだけの投資は意義のあることです」

――「新文明への転換」とは具体的には何をすべきでしょうか。

「答えは簡単です。第1に二酸化炭素の排出量が少ない『低炭素経済』の実現です。2020年までに総排出量を80％減らす、という野心的な目標を掲げるべきです。同時に重要なことは水資源の利用効率を大幅に向上させること、そして、人口増加に可能なかぎり早い時期に歯止めをかけ、発展途上国の貧困解消に取り組むことです。そうして、地球の生態系に回復のチャンスを与えるのです」

「そのためには原子力と化石エネルギーをいち早く再生可能エネルギーと省エネで置き

換えることが必要で、農業研究の充実も不可欠です。太陽光や地熱利用の技術、小規模な農業による米の増産技術など、日本が世界に貢献する手段もたくさんあります」

――再生可能エネルギーの現状をどう見ていますか。

「福島原発の事故後に、世界各国の政治家が、再生可能エネルギーの重要性を理解し始めたのはよい兆候です。温暖化の原因となる二酸化炭素を出さず、設備投資が少なくてすむので、米国をはじめ各国で投資が拡大しています。やがては枯渇する油田や炭鉱への投資と違って、再生可能エネルギーへの投資は、地球が続くかぎり利益が得られるという点でユニークです。原発事故はいつ起こるか予測できず、一度発生すると、大量の電力が失われるというのも今回の教訓ですが、分散型の再生可能エネルギーにはその心配もありません」

――再生可能エネルギーは不安定で、量が小さいとの批判がありますが。

「それぞれの国のどこかで風が吹き、太陽が照っているものです。風況や天候を予測する技術は進んでおり、安定度は高まっているし、発電設備の数が増えればさらに安定度は増します。トヨタなどが開発を進めているプラグイン・ハイブリッド車が家庭に普及すれば、自動車を蓄電池代わりに使って、ためておいた電力を必要な時に利用できます。再生可能エネルギーは世界各国で急成長し、逆に世界の原子力開発は停滞しています。完成までに多大なコストと時間がかかり事故のリスクを抱えた原発建設に出資することに、世界の投資家が二の足を踏んでいるのです。原発建設が進んでいるのは日本のように電力市場の自由化が進んでいない国がほとんどで、自由化された市場を持つ国では、投資は再生可能エネルギーに向かっています」

「米国や欧州はもちろん、中国やアフリカでも巨大な太陽光発電基地や太陽熱の利用装置の建設が始まっています。米国とアイスランドでは地熱開発が盛んになっています。風力発電は価格が安く、建設期間も短いため、世界各国で爆発的に増えています、スペインのある地域ではすでに電力消費の半分以上を風力発電でまかなっているし、ドイツ北部の風が強い地域でも、40~45%が風力発電の電気です。国境を越えた送電網でつながっているので、気象条件の変化による出力の変化にも対応できます」

――日本の再生可能エネルギーの可能性はどうでしょう。

「日本には世界有数の地熱エネルギーがあるのに、なぜ利用しないのか理解できません。自然環境保護からの反対があるのは理解できますが、2本の井戸を深くまで掘る新技術が開発され、限られた面積の発電所で大量のエネルギーが得られます。日本は太陽光や風力の資源も豊かで、将来的にはすべての電力をまかなう能力があるでしょう」

——日本のエネルギー政策への提言はありますか。

「日本人はエネルギーの将来を考え直すときです。決め手は、再生可能エネルギーしかありません。日本政府は原子力の研究開発には年間23億ドルの投資をしているのに、風力には1千万ドル、地熱の研究開発への投資はほとんどゼロです。原子力のための資金を再生可能エネルギーに回せば、多くのことができます。そのためには電力市場の自由化と国の支援が必要で、技術力でまさる日本の産業界はこの分野で世界のリーダーになれます。日本は持続可能なエネルギーのためのビジョンを持つべきで、政治家がどれだけ切迫感を持って取り組むかが問われています。この点で日本の政治家や産業界は遅れています。もっと他の国の投資家や産業界の動きに目を向けるべきでしょう」

◆◆◆

飢餓が深刻化するソマリア、スーダン、ハイチ……。外交問題の研究家によって「破綻国家」とされる国が年々、増えている。破綻国家では国内の統治システムが壊れ、国土の環境破壊や砂漠化が進み、隣国へ逃れる難民も生まれる。破綻国家の増加は周辺地域を、やがては世界全体を不安定化することになる。ブラウン博士は「破綻国家は現代文明の行く末を象徴している」と見る。

タイムキーパーは自然

「気候変動問題や水資源、漁業資源などを研究する自然科学者は、現在の資源の利用方法は持続可能ではないと警告しています。その警告はエコノミストの耳には届いていません。エコノミストは、今後、何十年にもわたって世界経済は成長を続けるとか、20〜30年で世界経済の規模は2倍になるとか予測しています。でも、彼らはそのためにどれだけの資源が必要か、どれだけの水が必要かといった問題を問いません。経済規模を2倍にする資源が、地球上のどこに残されているのでしょう。『市場が解決する』『技術開発が進めば実現できる』『補助金を投じよう』などの意見があります。過去にはそれで成功したこともありましたが、今や地球の生態系へのプレッシャーはとてつもなく大きく、古い手法は通用しないでしょう。エコノミストは為替レートがどうなるかとか、いつ不況がやってくるとかを予測できても、生態学的な文明の破局がいつやってくるのかは予測できません。

彼らのツールはもはや役に立たない。残念なことに政治家は、自然科学者よりも、エコノミストのいうことに耳を傾けているのです」

――果たしてまだ、希望はあるのでしょうか。

「タイムキーパーは地球上の自然であって、自然によって引き返し可能な地点が決められています。人間がそれを知ることは難しく、もう手遅れかもしれません。1日に2倍に増えてゆくスイレンがいつ池の水面を埋め尽くすことになるか、という逸話を知っていますか。1株、2株、4株……と増えていって、池の半分をスイレンが占めるまでに29日かかったとします。まだまだ余裕があるように見えても、翌日、30日目になれば水面はすべてスイレンで埋め尽くされてしまう。今は29日目？　もしかしたらもう30日目かもしれません」

「米国の政治家の発言を聞き、ワシントンの研究所の窓から町を見下ろしていると、人々の危機感が決定的に足りないと感じます。人類が直面しているものは、過去に経験したことのない事態なので、自分たちの文明が崩壊に向かっているという事実に向き合うのは難しいのです。でもこれからは『文明を救う』をキーワードにしようではありませんか。まだ間に合うと確信する理由はありませんが、その努力を今、放棄する理由も見当たらない

[聞き手：井田徹治編集委員、写真：玉上一正・写真映像記者]

のですから」

インタビューを終えて

2001年5月、筆者がワシントンに特派員として赴任した直後、旧知のレスター・ブラウン博士から直々に電話をもらった。1974年に自らが設立した環境問題に関するシンクタンク「ワールドウオッチ研究所」の所長職から退き、新たに「アースポリシー研究所」を設立したという。そのお披露目をやるからぜひ、顔を出してくれるようにとの趣旨だった。

訪ねたオフィスは、古巣のワールドウオッチ研究所に比べればはるかにこぢんまりしたもので、まだカーペットも入っていなかったが、博士は「ここにはテキサス州の会社が製造している100%リサイクル材料のカーペットを入れるんだ」と意気軒高だった。

博士はここで、ワシントン駐在の記者向けに、月1回程度のペースでセミナーを開いた。地球温暖化や水資源問題、再生可能エネルギー開発の現状などをテーマにした彼の話は、環境や開発問題をテーマに関心を持つ記者にとってはきわめて有益だった。

逼迫（ひっぱく）する淡水資源の問題、中国の資源消費の急増が地球規模での問題となる可能性、トウモロコシや大豆などがバイオ燃料生産に転換され、穀物価格高騰の要因となる可能性などを世界の思想家や研究者に先駆けて指摘したのがブラウン博士である。現在、トヨタなどの自動車メーカーが競って開発を進めているものに、自動車に搭載した電池をコンセントにつないで充電できるようにするプラグイン・ハイブリッド車がある。再生可能エネルギーなどの効率的な利用に道を開くものとして、その重要性を早くから指摘してきたのも博士だった。その先見性にはつねに驚かされる。

今回、博士は短い来日期間中の多忙ななかでインタビューに応じてくれた。都内のホテルから成田空港に向かうまでの車内と、空港での待合室でのインタビューという異例の形だったが、久しぶりに博士と長い間、じっくりと話し合うことができた。内容は、原発事故やエネルギー問題から、天然資源の浪費を基礎とした現代文明の問題点にまで広がり、「3・11 文明を問う」という本書のもとになったインタビュー企画のタイトルにふさわしいものとなった。

博士は、市民や政治家、産業界の人々の危機感のなさ、sense of urgency（切迫感、緊急性の感覚）の不十分さ、そして地球の将来に対するわれわれの想像力の欠如という問題に深い懸念を示している。

思えば、われわれも、大地震や大津波とそれが引き起こす原発事故などの危険性に対する科学者の指摘を耳にしながらも、危機感を抱くことにおいて、まったく不十分だったといわざるをえない。

持続可能というにはほど遠い現在の暮らしを続けていったとき、近い将来に何が待ち受けているのかを想像してみること。エコロジカルな破局がもしかしたらすぐそばまで来ているかもしれないという危機感を持ち、自らが一市民として破局の回避のために行動し、政治家に構造転換のための政治的な意思を持たせること。これが今、なによりも重要だというのがブラウン博士のメッセージである。

縮小が続くグリーンランドの氷床の先端
[グリーンランド南西部・カンゲルルススアーク近郊]

民主主義社会で進む統治制度の劣化

米・政治思想家
フランシス・フクヤマ

◆◆◆
Francis Fukuyama
1952年、シカゴ生まれ。
米コーネル大で西洋古典学を学び、エール大大学院で比較文学を研究。
一時パリに学んだのち、ハーバード大大学院で政治学博士号を取得。
ランド研究所を経て米国務省政策企画部で欧州・中東を担当。
その後、ジョンズ・ホプキンス大学高等国際問題研究大学院（SAIS）教授を経て、
2010年からスタンフォード大国際問題研究所上級研究員。
主な著書に『歴史の終わり』『政治秩序の諸起源』（未訳）などがある。

冷戦終結を予告した論文と著書『歴史の終わり』で世界に衝撃を与えた政治思想家フランシス・フクヤマ氏。その後も知の領域を大胆に横断する著作を次々と発表してきた。「福島原発事故が示したのは技術文明の行き詰まりではない。先進諸国が共通して直面する統治制度の危機だ」とフクヤマ氏は指摘する。新たな科学技術を安全に使えるかどうかは、「制度の力強さ」にかかっていると言う。危機の背景の奥底にフクヤマ氏が見るのは、利権、縁故、無意味な対立で身動きできなくなっている自由民主主義制度の劣化だ。

「政・業」癒着

――日本の大震災、特に原発事故をどう見ていますか。

「技術文明は、思いもよらない事態が起きると、なんともろいのか。まずそう思いました。500年に一度ともいう大津波をまえに、それまでに立てた災害対応計画もすべて圧倒されてしまった。だが、それよりも、政治制度や統治の仕組みが、もっと重要な問題だという思いを強めています。東京電力と日本政府のお粗末な災害予測、事故発生後の対応のまずさ、原子力産業と政府の癒着が、じつに悲惨な結果を招いた。規制当局が原子力業界に対しなんら監視機能を果たさず、むしろ業界の手先となり、その利益のために働いていたようなものではないでしょうか」

「しっかりした業界監視体制を持ち、緊急時にきちんと備えていたら、被害をもっと緩和できたはずです。自然現象を制御することはできません。だからこそ、統治制度の『質』が大切です。今の日本の制度や政治は、どこかおかしくなっている。明治維新や第2次大戦後には、日本社会はとてつもない危機に直面しても、選良たちが見事に立ち向かっていった。制度が機能した。今回はどういうわけか、そうなりません。これはたまたま一時的に起きた現象なのか。それとも長期的に見て（日本国家の）諸制度が劣化し、自壊し始めたということなのでしょうか」

「制度の劣化は日本だけではありません。今回、日本で起きたような大災害に対して必要なのは、適切で、果敢な決断なのですが、多くの民主主義社会はそれができなくなっている。アメリカも2005年のハリケーン・カトリーナのときの対応はひどかったのです」

――もう原子力はこりごりだ、再生可能エネルギーなど他の技術に替えたいという声が強まっていますが。

「そういう反応が出るのは理解できます。でも、どのようなエネルギーもそれなりの危険性やコストを抱えている。海外からの原油輸入依存も含め、それぞれのリスクをじっくりと考えてみたほうがいい。日本は長期的に考えると、一定程度は原子力発電を使わざるをえないと思います。福島第1は旧式の原発だった。もっと新しい、安全な技術がありす。監督体制も変えて、原子力産業をしっかりとコントロールできるようになれば、今回のような大災害でも耐えしのげる原発を持つことができるはずです」

――科学技術の進歩がもたらす未知の危険が今後の人類の課題だと、指摘したことがありますね。

「科学技術の進歩は、制御不能の巨大な機械のようなものだと考える人がいます。制御もできなければ、進歩の速度を抑えることさえできないと考える。それは間違いです。一見、制御不能のように思えても、かならず最後には制御して、安全に使えるようになる。まえの話に戻れば、日本政府の監督がしっかりとし、（的確な）アクションをとり、東電の災害対策がしっかりしていれば、大災害にはならなかったはずですし、電力はきちんと供給できていたはずです。だから、問題は結局、科学技術の応用にあたり、さまざまなリスクを制御することができる強靱（きょうじん）な制度を持てるかどうかにかかってきます」

「科学技術を使えないことによるリスクというのもあって、そこには成長はありません。経済変革も起きない。そんな未来を、日本人は望んでいるでしょうか。そんな未来を望む人がいるでしょうか。そうは思いません」

「わたしが特に危険を指摘したのはバイオテクノロジー（生命工学）分野です。すでにさまざまな実験が行われ、『もしこの技術を応用したらたいへんだ』という懸念も出ています。ただ、そうした技術でも、制御に努めれば、正しい目的に使うことができるはずです。すべての危険をなくすことはできませんが、危険を減らすことはかならずできます」

◆◆◆

フクヤマ氏は1989年11月の「ベルリンの壁」崩壊による冷戦終結を予告するように、同年夏、米誌に論文「歴史の終わりか？」を発表、政治体制をめぐる人類の思想闘争は自由と民主主義で終わると主張し、世界に衝撃を与えた。92年に発表した著書『歴史の終わり』では、近代化が進んで豊かになれば、人は「認知」を求めて政治参加への要求を強め、結果として自由と民主主義が生まれるという論を展開した。同書はネオコン（新保守主義者）のバイブルとされたが、ネオコンの解釈には誤解が多い。

フクヤマ氏は『歴史の終わり』で説いたのは近代化の必然だ、と解説する。近代化のすべてがよいわけではない。「大切に思ってきた伝統的価値観を失ったりするためだ」。でも人々は近代化を追求し続ける。近代以前へのノスタルジアを語る人はたくさんいても、実際に近代以前の生活に戻る人はまれだ。近代以前の世界では、まともな医療さえ受けられないことだけをとっても、それがいかに悲惨か、知っているからだ。しかし、前進すべき近代はさまざまな問題に直面している――というのがフクシマ氏の認識である。

先進社会の課題

――今後の人類の課題の例として挙げた科学技術の問題は、生命工学が突きつける倫理的問題でしたね。

「原子力平和利用の問題は主として、安全あるいは安全と経済的発展のバランスをどう考えるかです。それ自体は、大きな倫理的問題とはならない。他方、生命工学では、ヒトを改造したり、性格を変えたりすることもできる。安全か否かを越えて、大きな倫理問題となる。技術を安全化することに議論の余地はない。論議のポイントは、経済成長との兼ね合いでどこまで安全を図るべきか、ということでしょう。それに比べ、新しいヒトをつくり出していいか、ヒトと動物をかけ合わせていいのか、という問題は、はるかに難しいものです」

――原子力技術も、別の意味で難しい局面に差しかかっていると思いませんか。

「確かに、核拡散という意味で新たな局面に入りました。広島、長崎のあとには、20～30年もたてば核保有国が20にもなり、核戦争が頻発してもおかしくないという予想がありました。にもかかわらず、その後、核兵器の実際の軍事使用はなく、この65年を過ごすことができました。核兵器の使用を食い止めたのは、驚くべきことです。しかし、今や状況は変わりました。インドの核実験が転機となり、パキスタンの核保有を促した。狂信的なイスラム教徒が多く、100以上の核弾頭を持ち、政治的に不安定なパキスタンは、世界でもっとも危険な国となりました。たいへんなことにならなければいいが、と懸念しています」

――日本では今、原発事故を受けて、成長後の新しいライフスタイルを目指そうという声が出ています。江戸時代の自給自足生活を範とすべきだというような意見もあります。

「江戸時代に戻りたいというのは、当時の生活を理想化しすぎています。実際に当時はどういう時代だったかといえば、飢えで死ぬ人々がいて、庶民は大半が農民で、かつかつの生活を強いられ、不作の年に生まれた子どもは1年も生きられない。そんな時代です。今日でも多くの貧しい国々では、それが現実です。貧しい国々はエネルギー消費も少ないから、原発も要らない。近代文明が生み出す危険とは無縁であることは確かです。しかし、子どもたちにはチャンスも夢もなく、医療も教育も受けられないのです」

「われわれがなすべきことは、一人あたりのエネルギー消費を減らすことです。石油危機の頃と比べればずいぶんと減ったはずですが、しかし、まだまだやるべきことはあります。この点においても技術進歩こそが大いに役立つはずです」

――政治制度の劣化に戻ります。日本だけでなくアメリカでも、欧州でも、人々の生活にとって、政治はあまり意味を持たなくなっているようなところがあります。いったい何が起きているのでしょうか。

「平穏で安定し、経済成長を何十年か続けてきたうちに、先進民主主義諸国は、ある種の共通した問題を抱え込みました。長い間に、さまざまな利権集団が生まれて、強い影響力を持つようになり、自己の権益を守ろうと民主的政治制度を操る術を覚え込みました。そのため、政治制度はまったくといっていいほど身動きがとれなくなっています。

その一例が、規制当局と癒着し、市民の安全を犠牲にしてまで自己利益を図ってきた日本の原子力業界です。人口の少ない地方が、農業政策の自由化を阻害するのも、一つの例でしょう。米国では、保険会社と医療業界がつるんで、本格的な医療保険改革を難しくしている。ウォール街と金融業界が強くなりすぎて、上位1％の金持ちに激しい富の集中が起き、格差の広がりが生じました。普通のアメリカ人は苦渋をなめているのに、規制がうまくできない。規制しようとすると、金融業界は強力なロビイストをたくさん持っていて、有効な規制をつぶしてしまう。日本（の原子力業界）と同じ構造です。それが、先進民主主義社会が直面している政治の劣化という問題です」

——19世紀末にもアメリカでは激しい富の集中が起きましたが、「改革の時代」を経て変わっていきました。

「民主主義は最後には問題を解決していく。ただ、それには刺激が必要です。これまでは戦争や大恐慌が大きな変化をもたらしました。アメリカでは、第1次大戦の軍費調達のためではありましたが所得税制度が根付き、女性に投票権も与えられました。日本の歴史を見ても、外からの大きな衝撃が改革の時代につながっています。ビジョンのある政治家ならば、大きな危機に直面すると、改革のチャンスだと見るのです」

近年、特に9・11テロ以降、フクヤマ氏が考えてきたのは「なぜ国家は破綻するのか」という問題だ。世界銀行などの諮問を受け、東ティモールやパプアニューギニアなど国家建設の現場を訪れ、問題点を探るとともに、人類史を幅広く研究し、昨年、大著『政治秩序の諸起源』を著した。世界各国で翻訳が進み、日本でも出版の予定だ。

啓蒙プロジェクト

――自由や民主主義の思想をもとに始まった「近代プロジェクト」は行き詰まりに向かっているのでしょうか。

「啓蒙思想にとって代われるものはないでしょう。ただ、政治制度は激変する環境に対応できないと、劣化します。（権力や財の）世襲を求める力が強まると、自壊します。近代民主政も含め、古代中国から絶対王政のフランス、そして今日のアメリカを含め、あらゆる政治制度がそうした破綻の危険性に直面してきました。政治劣化の症候として出てくるのは、ある種の硬直です。政治制度も、動植物と同じように、環境変化に対応する必要があります」

「啓蒙思想には二つの伝統があります。きわめて個人主義的に社会を考える伝統と、コミュニタリアン（共同体主義）的に社会を見る伝統です。実際の近代社会はこの二つの融合でした。個人主義的だといわれるアメリカですが、じつはつねにたくさんの自発的つながりが生まれました。だから、啓蒙プロジェクトが行き詰まることはない。ただ、社会的連帯を生み出す制度によって修正していく必要があります」

「これまで優位だった欧米の思想・制度は、他地域の思想を取り込み、変わり始めていますが、民主主義、近代化、科学をまったく否定するような考え方に未来はないのです」

［聞き手：会田弘継編集委員室長、写真：鍋島明子］

インタビューを終えて

フクヤマ氏が日本に来ればかならず、わたしがアメリカ東海岸に出張すればこれもまたかならず、一度は食事を共にする。旧（ふる）い友人ではあるが、尽きない興味を引き起こす、畏敬する思想家である。その思索はつねに発展していく。知人の日本の思想家、竹田青嗣氏は「フクヤマ氏の著作に大きな示唆を受け、多くを学んだ」と言う。うなずける。

ジャーナリズムには「ネオコン」とか「歴史の終わり」を揶揄的に語って、この思想家の内実を見ようとしない向きもあるようだ。だが、論文「歴史の終わりか?」（1989年）に始まり、著著『歴史の終わり』（1992年）を経て、経済と信用、生命工学、開発理論、アメリカ現代思想、国際政治、政治秩序の歴史……と、縦横無尽に著述のテーマを拡げてきた軌跡は、世界の知識人らを驚嘆させた。

そのフクヤマ氏に昨年夏、このインタビューのために1年半ぶりに会うことになった。この間、彼はワシントンのジョンズ・ホプキンス大学高等国際問題研究大学院（SAIS）から、カリフォルニアのスタンフォード大学へと籍を移した。「授業は要らない。著作に専念してほしい」、それがスタンフォード大学の申し出だった。ワシントン郊外の家を処分して、（たぶん）終の棲家（ついのすみか）となる家を大学のそばに求めた。子どもたちも西海岸の大学に入り、若き日に夫人と出会ったのもカリフォルニアのランド研究所に勤めた時代だったから、「西海岸に移れるのは幸運だ」と喜んでいた。

かつてフクヤマ氏の思想を概観する論文を書いて、それに「『近代』への飽くなき執念」

とタイトルを付け（拙著・新潮選書『追跡・アメリカの思想家たち』に収録。初出は明石書店『アメリカのグローバル戦略とイスラーム社会』）、近代主義者としての彼の思想のかたちを探ってみた。今回のインタビューでも、あらためてそれを確認できた。フクヤマ氏は近代を、まだ「未完のプロジェクト」と見ている。ポスト・モダニストや反近代主義者らとは一線を画す。しかし、彼はポスト・モダンや反近代の意味が分からないわけでない。それらも近代現象の一部なのだ。

技術の失敗は技術をもって克服していこう。先進諸国がここで敗退していってはならない。まだまだ、近代の恩恵を得られない人類はあまたいる。失敗の多くは技術ではなく制度の問題にすぎない。転んでも立ち上がって、また前進せよ。これがフクヤマ氏のメッセージだ。少なくとも、わたしはそう理解した。

科学者は難問に立ち向かえ

インド前大統領
アブドル・カラム
Abdul Kalam

1931年、インド南部タミルナド州生まれ。
マドラス工科大で航空工学を学んだあと、
インド初の国産人工衛星の打ち上げ計画でリーダー役を務める。
82年、国防研究開発機構所長として誘導ミサイル開発を推進、
アグニ、プリトビなどのインドのミサイル兵器を開発した。
92年、インド国防相科学顧問に就任し、核兵器開発も指導した。
2002年から07年までインドの第11代大統領。
若い世代を啓蒙し、将来のビジョンを描く活動をインド内外で続けている。

アブドル・カラム前インド大統領は、インドの核兵器、ミサイル、宇宙開発に長年携わり、「インドの核ミサイルの父」と呼ばれる科学者だ。長く英国の植民地として搾取された歴史を経て独立を勝ち取り、ＩＴに代表される科学技術の力で今、大国にのし上がろうとするインドにとって、科学技術の知識で国家のトップに上りつめたカラム氏はインドの興隆を体現する国民的英雄といえる。カラム氏は、東日本大震災と東京電力福島第１原発事故に驚愕しながらも、「科学技術に不可能はない」と述べ、科学者の力を信じる思想哲学を表明した。そして若い頃に学んだ日本の歴史を振り返りながら、「日本の科学者は困難に打ちのめされずに、かならず乗り越えるという意志を持ってほしい」と語った。

津波対策の技術を

――「明日の大国」であるインドの科学、政治の指導者として東日本大震災と福島の事故に何を思いますか。

「わたしは60年間、科学技術開発に従事してきました。宇宙開発、ミサイル開発、そして核兵器開発です。そこで得た教訓とは、科学技術の開発において難問はいつも生じるものだが、成功した科学技術とは、生じる難問に主導権を握られることなく、科学者や科学界のリーダーが主導権を握り立ち向かって克服した結果生まれたものだということです」

「日本の大震災と福島の事故はかつて人類が経験したことがないもので、世界に警告を発しています。初めて世界はマグニチュード（M）9・0というとてつもない大きな地震を経験し、大津波に襲われました。これは日本だけでなく世界の科学者に『目覚めよ』と呼びかけている声です。わたしはインド内外の会議の場で、日本も含めて世界の地震多発地域にある原発は即座に耐震性と津波対策を強化しなければならない、と訴えています。すべての国の原子力発電所はもっとも激しい自然災害や人災に耐えうるかの点検をし、点検結果を反映した修正をするべきです。

第2次世界大戦のあと、日本は経済再建に成功し、日本人は再び自信を持つようになりました。日本はすべての原子力発電所をチェックし、より安全にするための措置をとるべきだ、とアドバイスします。2004年に起きたスマトラ沖地震ではインドにも津波が押し寄せました。だから、インドは地震と津波に耐える原発を設計するようになりました。国家の境遇に見合う技術の開発は、どの国も行っているのです」

――東京電力福島第1原発の事故では、生じた難問のほうが主導権を握ってしまいました。

「そういうことですね。しかし、日本は過去には問題を克服してきました。科学者も自信を持っているはずです。科学者は難しい問題に立ち向かい、国民に信頼されなければなりません」

――日本では「脱原発」の考えが広がっています。「原子力ムラ」と呼ばれる閉鎖的な、科学者、原子力産業界、官僚たちの情報秘匿も問題視されています。

「日本には広島、長崎の記憶があり、原子力に対する恐怖心があることは知っています。もちろん今後の日本の原子力利用のあり方、エネルギー源をどうするかという問題は日本人が議論し結論を出すべきですが、原子力の危険性や制御の難しさ、さらには核廃棄物の問題は世界中で十分知られてきたものです。民主主義国家のメディアはそれを伝えてきたし、科学者もたびたびそうした原子力の抱える問題について語ってきました。原子力の危険性や廃棄物処理の問題は福島で初めて生じた新しいものではないことを理解してほしいのです」

「われわれは皆、石炭よりはるかに小さなウランで同じ電力を生産できることを知っています。500キロのウランを使えば、1万トンの石炭に匹敵するエネルギーを得ることができます。もちろん核分裂によって放射性物質ができるし、放射性物質が何千年も放射能を発し続けることも事実です。ただ核廃棄物については各国ともどうやって処分するかの指針を決めていますし、それは日本も含めて各国とも国民に公開されています。わたしは日本をはじめ世界の科学者たちが、原子力事故の情報を隠蔽しようとしているとは思いません」

――今回の福島原発の事故で原子力の将来性に強い疑問が生じています。

「世界各国が成長するにつれてエネルギー需要は確実に増します。米国の1人当たりの電力消費は日本の2倍、中国の6倍、そしてインドの15倍です。新興国のエネルギー需要はこれからどんどん増えますが、それに見合うだけの石油、石炭などの化石燃料はないのです。さらに気候温暖化という重要な課題を考えれば、新しいエネルギー源を早急に増やさねばなりません。

それはインドの場合、太陽光、風力、バイオ燃料、原子力となります。トリウム炉や核融合炉も考えられ、原子力は有力なエネルギー源であり続けます。原子力発電の問題点はその危険性ですが、トリウム炉はウラン燃料炉よりもはるかに安全です。地球上であれ、さらに宇宙開発であれ、原子力は重要なエネルギー源となり続けるのです。

『未来の物理学』という本を最近出した米プリンストン大学のミチオ・カク教授（日系人の理論物理学者）は、今後30年で核融合が可能になるといっています。海水を使って膨大な量のエネルギーを生産できるのです。そうなれば、核廃棄物も減らせます。エネルギー供給と経済成長は結びついていることを忘れてはなりません」

「科学者は新しい技術を発明し、問題を克服していきます。飛行機が飛ぶとはだれも思いませんでしたが、改良が重ねられて飛びました。ジェット燃料で飛行機をはるかに短時間で遠くまで飛ばすようになったときもそうなのです」

◆◆◆

ヒンズー教徒が多数派のインドで、イスラム教徒であるアブドル・カラム氏は努力の末に大統領にまでなった。インド南部の電燈もない貧しい家庭に生まれ、毎朝4時に起きて新聞配達をしながら学校に通った。10人の子どもたちを育てるために、自分の食事を削って分け与えてくれた母親への深い敬慕の念を語る。数学が得意だったカラム氏は工科大卒業後、軍事科学技術開発分野に進み、１９９８年の核実験でも中枢の役割を担った。宗教的少数派の貧困家庭に生まれながらも、科学の知で国家に貢献した半生は多くのインド人の共感を呼び、圧倒的多数の支持で大統領に選出された。

日本の衰退?

――インドは興隆期にあり、一方日本は衰退期にあると指摘されています。超大国だったソ連がチェルノブイリ原発事故を契機に衰退し崩壊したように、大災害は国の命運を決めることがあります。日本は今回の大震災で衰退を加速するのでしょうか。

「国難が国家の生産力を損ない、ときに回復できない状況にまで陥れるという問題ですね。わたしは日本の歴史を学びましたが、第2次世界大戦後の日本の歴史を知る者として、勇気と技術力を持つ日本人が記録的な速さで立ち直ると確信します。日本は世界に誇る耐震設計を開発したのですから、地震と津波に対応できる原発も設計できるはずです」

1947年に独立を達成したインドは、核兵器保有と民生用エネルギー源獲得の両輪で原子力開発を始めた。50年代半ばに始まった「平和のための原子力」ブームを追い風に56年に最初の実験炉が臨界、74年、初の核爆発実験を実施した。現在60~80の核兵器を持つとされ、その標的は中国とパキスタンという。一方、民生用エネルギー源としては現在20基の原発が稼働し6基が建設中である。インド全体の電力需要の3・2%を原子力でまかなう。

◆◆◆

――インドは核兵器を保有しています。核保有国であるため、日本とは原子力に対する考え方がずいぶん違います。

「インドは核兵器を持つという政治決断をしましたが、超大国になるつもりはありません。冷戦の終結とともに超大国という考え方は意味を失い、経済力だけが重要になりました。インドがなぜ原子力を重視するかといえば、3億人がまだひどい貧困にあり、彼らを貧困から救うためです。

そのためには現在の8%の成長率を10%にしなければなりませんが、これはたいへんです。それでもインドの原子力発電の割合は、日本やフランスよりまだはるかに小さいのです。日本の原子力発電は現在4800万キロワットの発電量ですが、インドはわずか410万キロワットです。インドには日本からの原子力技術の協力も必要です」

◆◆◆

90年代後半にカラム氏は、インドを2020年には知識大国、先進国に押し上げるとする国家戦略文書「インド2020」を発表し、この文書は、今のインドの成長を導く青写真になったとして高く評価されている。この国家戦略のポイントは、①食糧の増産、②エネルギー供給の大幅拡大、③教育と医療保険の充実、④情報通信技術の発展――などだ。インドは社会主義的な国家から90年代に次々と規制を緩和し今の成長を成し遂げたが、「インド2020」は自由化を基本とする政策というよりも「貧しい人にも成長の恩恵を。不平等の是正を」という理念を掲げ、格差是正による中産階級の拡充を目指している。「インド2020」の発表以来、インドの一人当たりの国民総所得は約3・5倍となった。

科学技術の可能性

――インドや中国などアジアの国々は西洋を乗り越えつつあり、21世紀はアジアの世紀といわれます。日本でも東日本大震災を契機に、これまでの成長最優先の国のあり方を見直し、人々の精神的な絆を探す試みがさかんです。物質的な豊かさを求める文明から転換し、アジア的価値観を重視すべきだとの声は世界で強まっています。

「わたしと仲間は世界のさまざまな文明について研究を続けてきました。『インド２０２０』はインドに焦点を当てましたが、今は２０３０年に世界全体がどう幸福感を味わい、繁栄し、平和になれるかというビジョン『世界２０３０』をつくっています。『世界２０３０』はさまざまな文明の知恵の合流になる。一国だけが豊かに強くなっても他の国が貧困のままであれば、その地域は安定しません。隣国が豊かにならなければ、その隣国によって危険にさらされるわけで、平和にはなれないのです。価値観を重視する教育による啓蒙や世界の貧困撲滅を地球全体の使命にしたいのです。格差があるかぎり、世界は平和になりません」

——科学者が今やるべきことは何だと思いますか。

「わたしは世界30カ国の科学技術開発の現場を訪れてきましたが、科学者に会うたびに、今最大の挑戦は地震、津波、そして火山の噴火を予測することだと言っています。アイスランド、ウクライナ、ロシア、米国では若い科学者でつくるチームが噴火と地震の予知に邁進しています。今は地震の発生を予測する17の要素が特定されています。地震予知のための国際的な科学協力を今後10年間続ければ、地震の被害を減らすための大きな進歩が望めます」
「世界は日本の経験から学び、巨大地震の揺れや大津波から守る厳格なシステムを導入すべきです。これは3月11日に起きたことで一点の疑いもなく証明された原則です。大事なことは科学技術に不可能はないと信じて努力することなのです」

［聞き手：杉田弘毅、写真：清水健太郎ニューデリー支局長］

インタビューを終えて

すっかり暗くなった夕刻、アブドル・カラム氏はニューデリーの緑豊かな2階建ての家に招いてくれた。12億の人口を誇る「明日の大国」インドの前大統領とは思えない、小柄で気さくな人だった。頭頂部で分け緩やかにカールした髪の毛の下で、力を込めて発言するときに両目が輝く。「インドの核ミサイルの父」という呼称をインタビューの最中に思い出し、科学者が持つ合理性への過信に疑問も感じた。

カラム氏の発言は、東日本大震災と東京電力福島第1原発事故に対する世界の反応の一つの極を代表している。

それは、地震も原発事故も人間の力で克服できるはずだという思想だ。彼が語った「科学技術に不可能はない」という言葉に科学技術への信頼が表れている。本書に登場するドイツ前首相のゲアハルト・シュレーダー氏が、原子力はいったん事故が起きるとあまりに大きな被害をもたらすものであるから「人間には制御できない技術だ」と結論づけ、原子力を封印する思想とは対極にある。

もう一つカラム氏の論を特徴づけるのは、発展途中の国であるインドが抱く、エネルギー源としての原子力への期待だ。日本や欧州、米国などいわゆる北半球の識者たちは、成長から成熟に文明が達したと判断し、原子力に背を向ける時期だと語る。だが、インドなどいわゆる新興国、途上国にすれば、自国民に先進国並みの生活を保証するにはエネルギー開発を進めざるをえず、その一部分として原子力は必要不可欠とされる。

福島事故から始まった原子力をめぐる世界の論議を聞くと、「南北問題」の文脈が浮かぶ。これから成長する南の国々が、「北の国々よ、自分たちの成長が終わったからといって勝手に原子力にノーと言うな」と挑戦しているのだ。

カラム氏だけでなくインドの指導者たちは、日本への深い敬意を表する。長く続いた欧米の支配を覆そうとした日本というアジアの国を、虐げられた同じアジアの国民として評価しているのだ。

しかし、長い不況にあり、そして東日本大震災に襲われた日本に再び世界の頂点を目指すような力はない。聞いていて気恥ずかしくなるようなカラム氏の率直な日本礼賛や科学技術信奉からは、かつての日本のリーダーが発現したようなダイナミズムをインドが受け継いでいるように感じられた。

「希望」のナショナリズム

アイルランド・政治学者
ベネディクト・アンダーソン

Benedict Anderson

1936年、中国・昆明生まれ。
英ケンブリッジ大卒。
米コーネル大で博士号を取得、現在、同大教授。
専門は政治学と東南アジア研究。
72年、インドネシアのスハルト体制批判で同国から退去処分を受ける。
その後タイ、台湾などアジアを広く研究する。
主な著書に『想像の共同体』『比較の亡霊』『ヤシガラ椀の外へ』。
1年の半分を米国で、残り半分をタイで暮らし、その途上の訪日も多い。

ナショナリズム研究の第一人者で、名著『想像の共同体』で知られる政治学者のベネディクト・アンダーソン氏は、『源氏物語』『枕草子』を愛読し、小津安二郎映画のファンという知日派だ。東日本大震災の被災地支援に駆けつける日本人に「良質で純粋なナショナリズム」と「将来への希望」を感じると語る。一方で日本の官僚、東京電力の無責任さは「犯罪的」と指弾。日本人は首相を責め、首をすげ替えてばかりいるが、顔を見せない官僚や企業幹部の責任を問わないかぎりは、問題は解決しない、そのことを日本人は分かっているのだろうか、と問いかけた。

恥ずかしさの感覚

――東日本大震災では多くの人々が被災地支援に駆けつけました。日本人は経済成長の末にこうした助け合いの精神を忘れていたと思っていただけに、驚きもありました。

「今回の大震災では日本人の冷静沈着さ、規律に従った行動が世界の尊敬を集めました。ナショナリズムは恥の気持ち、愛着の気持ちに結びついています。愛着ある自分の同胞を救いたい。なぜ自分の同胞がこんなひどい目に遭うのだろう、なぜ政府は彼らを救えないのか、という思い、つまり同じ国民として恥ずかしいという思いが責任感を生み、行動を起こします」

「ベトナム戦争の時代に、反戦デモを起こした米国人に聞くと、『小国ベトナムになぜひどい攻撃をするのか、自分の国が恥ずかしい』と言っていた。ひどい目に遭っている人々に愛着を感じるのです。悪い政策をとる国家に対して、国民として責任を感じて行動するのは、純粋なナショナリストといえます」

◆◆◆

著作『想像の共同体』でアンダーソン氏は「国民とはイメージとして心に描かれた想像の共同体である」と表現し、世界を揺さぶった。つまり、「国民」とはもともとあったものでなく、近代国家の成立の過程で、権力者が統治に便利なように人為的にそのイメージをつくり、人々が信じていったものだという。アンダーソン氏はこの著書で、反動的で遅れたものとされたナショナリズムの肯定的な役割を、歴史や地理的条件を越えて世界中の事例をもとに紹介。また各地のナショナリズムの相互連関性も浮かび上がらせた。文明化された現代を生きるわれわれには、ナショナリズムがなぜ死を賭すこともいとわない気持ちに人をさせるのかが理解しづらい。だが、アンダーソン氏は、歴史を動かすのは社会構造の変化とともに人々の情動であると説いた。世界中で翻訳され、歴史学、政治学、国際政治学、文化人類学などに横断的に影響を与えた。

大震災とナショナリズム

――「日本は一つ」といった被災者支援の合唱、国民に我慢を呼びかける言説をナショナリズムと見る批評家もいます。

「ナショナリズムや愛国主義には二つの側面があります。法律や規則、たとえば交通ルールを守り、自分たちの仲間を助けよう、社会によいことをしよう、責任を持って行動しようというよい面と、主に右派の政治家が政治目的で人種問題を操り宣伝する排外主義です。はっきりいえることは、もし日本にナショナリズムがなければ、今回の震災で人々はもっと利己的に行動し、悪事も働いたということです」

「かつては宗教が死後の楽園を描くことで将来への期待を人々に与えていましたが、今はナショナリズムが似たような意味で将来への『希望』になっていると思います。そのよい例が税金です。なぜ人々はまじめに税金を払うのでしょうか。米国でも日本でも脱税はありますが、全体的にみれば、税金はまじめに支払われています。

それはこの国に生きる子どもや孫、ひ孫の世代を幸せにしようという思いからであり、希望が持てる将来を自分たちの国につくろうという意思の表明です。長く戦争が、ナショナリズムの具体的に表れる行動でしたが、今のそれは税金の支払いといえます。かつての人類は祖先をあがめましたが、ナショナリズムは子ども、つまり将来を大事にするのです。東日本大震災の際の救援に駆けつける日本人の行動には、子どもたちのためによい日本をつくっていこうという日本人の希望が表れています」

――スポーツなどでも、ナショナリズムのよい面が多く見られますね。

「わたしのいるコーネル大学はアジアからの留学生が多いのですが、彼らはサッカーで自国のチームが負けると、今度は隣国や同じアジアのチームに忠誠心を移し替えて応援している。ワールドカップ（W杯）は4年後にまたチャンスが来るから、一度負けても次回がある。スポーツにおけるナショナリズムは戦争に比べれば、はるかによいあり方です」

「国際連盟や国際連合ができたことも大きな進歩です。列強が領土の拡張のために戦争を自由に行った19世紀までは、世界政府、世界議会的な意識は考えられなかった。宗教や資本家の世界統合はできていませんが、戦争を起こさないための世界的な協調は進んでいますから大きな進歩です。また、各国政府とも第2次大戦までは戦争省を持っていました。しかし今は、自らは戦争を始めず防衛に徹するという趣旨で、防衛省、国防省に名前を変えています。これももう自らは戦争を起こさないという世界各国の意思といえます」

◆◆◆

ナショナリズムとは言語、宗教、文化、地理的範囲などをもとに自らの帰属するグループの独立、統一、発展を最高の価値と考える思考や運動であり、一般に民族主義と訳される。産業革命による中産階級の出現、王制から共和制への革命、そして国民国家の出現と続く近代化のなかで、ナショナリズムは国家政府の意図もあって強まってきた。20世紀後半までは帝国主義列強の海外進出の理念となり、それに対する植民地側の独立・民族自決の理念ともなった。自国・自民族のために他国や他民族が犠牲になってもよいという形でしばしば表れる。

冷戦後は、旧ユーゴスラビアの崩壊過程で起きたような、国家内の多数派民族と少数派民族の対立や日中の歴史問題をめぐる対立、米国の支配から脱して日本独自の外交を提唱する際などに、ナショナリズムが持ち出される。

◆◆◆

——2005年にハリケーンが襲ったニューオーリンズでは略奪もありました。場所と時間で災害時のナショナリズムの表れ方は変わってきますか。

「ニューオーリンズでは黒人が人間として扱われなかった長い憎悪の歴史、投票権をめぐる白人と黒人の対立がありました。公開処刑のような黒人の殺害もありました。それが今回も原因となったのです。もちろん当時のブッシュ大統領の無能さも原因でした。今の日本とは事情が異なります。日本でも関東大震災では朝鮮半島出身者が多数殺害されましたが、今回はそういうことはまったく起きていません。これはよいことです」

——ナショナリズムの基礎に「恥」の感情があるとのお話ですが、日本人が感じる「恥」は怒りに変わり、変革につながるのでしょうか。

「2004年のスマトラ沖地震では被害を受けたインドネシア・アチェの武装組織と政権との間で、『戦いはたくさんだ』という思いが生まれ、和平が成立しました。しかし、日本の場合、長い時間がかかると思います。というのは、一般の日本人は問題の本質を分かっていないのではないかと思うのです」

「つまり、菅直人氏ら政治家だけでなく、官僚や企業幹部の責任をもっと追及すべきです。

たとえば東京電力福島第1原発事故の処理を下請け労働者に任せきりにし、東京電力トップの謝罪や辞任も遅れる事態に、世界はあきれています。彼らの無責任さは犯罪的で、ほかの国であればすでに刑務所に入っているのではないでしょうか。首相や閣僚は叩かれて更迭されますが、彼らは事故原因の真相に関与していない場合が多いのです。一方で、問題の本当の根である官僚や企業組織は、顔も名前も見せずに居座る。だから解決しないのです。

メディアの責任もあります。日本のメディアは官僚や大企業に近すぎる。首相のことは厳しく批判するが、個々の役人や企業幹部を追及しないでしょう」

◆◆◆

アンダーソン氏は父がアイルランド人、母がイギリス人で、アイルランド国籍をもつ。父が大英帝国の官吏として中国・昆明に赴任中に生まれた。両親共に語学に秀で、コスモポリタンな家風で育った。同時に大英帝国の少数派であるアイルランド人として育ったことも、生涯にわたって弱者に愛着を持つ由縁となったのだろう。エリート養成校であるイートン校、ケンブリッジ大学を卒業し、米コーネル大で教授職を得てからもインドネシアやタイ、台湾など周縁部、少数派のナショナリズムを、温情を持って研究してきた。長く米国で教えながら、「米国にはなじんでいない」と言う。日本のナショナリズムも研究し、その視点から「日本の国民的英雄はだれか」を問い続け、日本のナショナリズムの中心にあるのは「個人というより天皇制度にある」と結論付けている。最近では坂本龍馬と宮沢賢治に関心を持ち、高知県を訪れてもいる。

賢く創造的な国を

――日本人だけでなく遠くの国からも支援が届くのはなぜでしょうか。

「ここ15年ほど世界各地で天候異変が起きており、日本の震災は孤立した出来事でないとの認識が生まれています。わたしはインドネシアで長く暮らし、あの国をよく知っていますが、最近は雨期と乾期のパターンが崩れています。米国ではハリケーンや竜巻が異常発生している。グローバル化した世界ですから、東日本大震災を見て、天災がいつか自分の国にもやってくると思っているのでしょう」

――原子力の将来をめぐって議論が起きています。

「広島、長崎の経験は、原子力が人類を破滅させる力を持つことを分からせました。福島の事故は単に放射能汚染だけでなく原子力は制御できないという恐れを与えています。核兵器は戦後二度と使われていないし、平和を維持し核兵器を使わせないための運動もさかんです。原子力をめぐって人類はさまざまな進歩を遂げています」

――日本人はこの大震災を契機に、どんどん経済が衰退するのではと不安を抱いています。一方、中国は勢いがあります。

「中国と比べるのはあまり意味がありません。中国は格差、労働問題、行政の腐敗などあらゆる問題が拡大していて、脆弱と見るべきです。それに対して日本は、震災のあるなしにかかわらず、文明化された民度の高い洗練された社会です。

40年前の米国やドイツがそうだったように、どの国も減速期を迎えるものです。日本もかつては朝鮮半島、中国の半分、東南アジアを占領し、真珠湾を爆撃して米国を攻撃する恐るべき国でした。結局は敗戦に終わりましたが、世界中を驚かせました。英国、フランスもかつては世界のまさに頂点にいましたが、今はそうではありません。それでも彼らは依然創造的で賢い人々です。トップでなくなってもよい国をつくっていけるのです」

［聞き手：杉田弘毅、写真：有吉叔裕］

インタビューを終えて

ベネディクト・アンダーソン氏は不思議な学者だ。自ら「複合的な背景を持つ」と言う。英国の名門ケンブリッジ大学を出て、米国の名門コーネル大で教授職を得て、東南アジア研究では日本にも弟子が多い。傑出した学者だというのに、決して偉ぶるところがない。

訪ねた東京・早稲田のホテルの部屋ではインタビューというより、話題が多岐にわたる会話のようなものとなった。禁煙が主流の知の世界だが、タバコをスパスパと気持ちよく吸った。

その2時間近い会話の最後に、彼は「日本の国民的英雄はだれだと思う」と聞いてきた。東京に来るまえに、高知県を訪れ、坂本龍馬ゆかりの地をめぐってきたという。「だけど龍馬は国民的英雄ではない。地方の英雄だ。そして日本にはたくさんの地方英雄がいる」と言う。

記者が思案していると、「天皇制度だと思う。制度」。東日本大震災で被災者が暮らす避難所を回る天皇・皇后両陛下の姿に、多くの国民は特別の感情をいだいた。国民的英雄の存在とナショナリズムの形成は不可分だ。アンダーソン氏はインタビューでもナショナリズムを肯定的に解釈する発言を繰り返しており、天皇制度もその流れでとらえているのだろうか。

アンダーソン氏は、周辺の弱小国を威圧する中国の評価についてじつに厳しい。東日本大震災で20人の中国人実習生を救った宮城県女川町の水産加工会社専務の話が中国で美談として伝えられ、中国人の対日観が変わったのではないかと尋ねると、「人々の記憶は短い」と述べ、中国の日本人観の変化には結びつかないと容赦がない。一方で、彼は台湾人が大震災の被災者にいかに高額の寄付をしたかを語った。『想像の共同体』も、「ナショナリズムは欧州で生まれたという前提を崩す」ことを目的の一つに書かれ、世界の歴史研究でつねに主役と位置付けられる欧米など大国には限られた紙幅しか割かなかったとうれしそうに言う。

アンダーソン氏はアジアの大国、しかも侵略の歴史を持つ日本に深い関心を持ち、天皇制度を理解しようとする。偶然の結果から生じた人間の集合体を小説、新聞、そして物語を通して「国民」としてつくっていくという彼のナショナリズム理論からすれば、その成功例が日本であり、核となったのは天皇制度ということになる。

同氏の頭には東日本大震災に揺さぶられたこの国にとって、あらためて天皇制度がきわめて重要な意義を持つという考察があるようだ。

3・11は世界のエネルギー政策の根本を変える

ノルウェー・平和学者
ヨハン・ガルトゥング

Johan Galtung

１９３０年、ノルウェーの首都オスロで生まれ、オスロ大で数学と社会学の博士号を取得。59年にはオスロ国際平和研究所を創設し、平和研究を主導。87年には「もう一つのノーベル賞」といわれる「ライト・ライブリフッド賞」を受賞した。著書に『構造的暴力と平和』『平和への新思考』などがある。

差別や貧困など構造的暴力が平和を阻害するとの理論を打ち立て、「平和研究」の父とされる政治学者ヨハン・ガルトゥング氏は、東日本大震災と福島第1原発事故は日本にとって二つの意味で「大転換」をもたらすと予想した。一つは世界的な潮流にもなりうる脱原発。もう一つは、東アジアの中国、朝鮮半島との融和だ。多くの命を奪った大震災は大きな悲劇だが、ガルトゥング氏は、戦後の日本がそうであったように、もう一度「日本のあるべき姿」「日本人が進むべき道」を見つめ直す機会にしてほしいとの願いを語った。

科学者への怒り

――あなたは日本人の妻を持ち、これまで何度も来日しています。大震災の報にまず、何を思いましたか。

「大地震、大津波、そして原発事故。三重苦の日本に深い哀れみの感情を抱きました。あれだけの被害に遭って、なおも秩序を保ち続けた日本国民には感嘆しました。ただ同時に、科学者たちに対して怒りも覚えたのです。島国である日本の多くの原発は海辺に建設されています。専門知識を持ち最悪の事態を予想できるはずの科学者たちは、どうして地震や津波の危険性を政府や電力会社に対し、声を大にして警告しなかったのでしょうか。日本には地震があり、過去の歴史から津波が来ることも分かっていたのです。気づいていたにもかかわらず、警告しなかったのです」

――この震災はわたしたちが住み、守っていかなければならない地球にとってどんな意味を持つのでしょうか。

「国際社会全体がエネルギーへの考え方を変えるでしょう。太陽光発電、風力発電などクリーンで再生可能なエネルギーへの転換です。特に、火山大国・日本にはエネルギーに転換できる地熱、地中の熱水が豊富にあることに注目すべきです」

◆◆◆

日本はイタリア、インドネシア、米国などと並んで地熱発電の資源が豊富だといわれる。しかし全エネルギー源に占める割合は0・3％程度で、しかも近年は横ばいで推移している。その理由としては、地熱資源の約8割が国立公園内にあり、開発が規制されてきたことに加え、温泉の枯渇を懸念する地元の理解が得にくいといった事情がある。

◆◆◆

「ドイツは脱原発とともに、再生可能エネルギーへと歩を進めています。米国、中国も国家事業として、クリーンエネルギーに積極的な投資をしています。原発の使用済み燃料をどうやって処理するのか、だれも明確な答えを持ち合わせてきませんでした。日本では、原発がなければ電力が不足すると電力会社は警告していますが、福島の事故のあと、原発停止が続いていながら、供給は足りています。結局、原発は不要だったのです」

「原発からクリーンエネルギーへの転換には莫大な初期投資が必要です。それでも、わたしの考えでは、21世紀の終わりには実現可能ではないでしょうか。その頃に振り返ってエネルギーの長い歴史を考えたとき、〝フクシマ〟は世界のシンボルになっているでしょう」。

「2001年9月11日に起きた9・11テロは文明の衝突という意味で大きなインパクトがありました。2011年3月11日に起きた東日本大震災はエネルギー政策の根本を変える、という意味で大きなインパクトを持つのではないでしょうか」

◆◆◆

原発は「核の平和利用」の象徴とされる。核拡散防止条約（NPT）は非核保有国に「原子力の平和利用」の権利を認めている。「核なき世界」を掲げるオバマ米大統領も「核」

を核兵器に限定している。しかし、ガルトゥング氏は平和利用を軍事利用と同列視する。「安全でクリーンで、安価」と神話のように語られてきた原発も、ひとたび地震や津波で危険な状態にさらされれば、広島や長崎を襲った原爆と同様、放射性物質をまき散らし、人々の体をむしばむからだ。

地域主義の時代

――この大震災は日本と国際社会の政治的、外交的な関係も変えていくのでしょうか。特に、同盟関係にある日本と米国はこれからどうなるのでしょうか。

「広島、長崎の原爆は（太平洋）戦争で米国が投下したものです。では、福島の原発事故はだれの責任なのでしょうか。日本はその問題を考える重大な機会を迎えています」

「この大震災を契機に、日本人は自らを見つめ直すことを始めると思います。その見つめ直す考察は、日本の国家のあり方、特に対外関係はこれでよいのかという点にも及ぶと思います。まず、日米安全保障条約に基づく米国との同盟関係から、日本は本当の意味での独立を果たさなければならないでしょう。日本は米国の要求に対して、いつも言いなりになって抵抗していません。米国の傘の下にいるだけです」

「1970年代の日本は革新的でしたが、革新的であるという座は今や中国に奪われてしまいました。地域の自由貿易協定（FTA）の一形態である環太平洋連携協定（TPP）の日本への参加誘いかけの過程でも明らかになったのですが、米国が日本に望むのは、中国と北朝鮮を『脅威』と見ることです。その構造は冷戦時代から変わっていないのです」

✦✦✦

ガルトゥング氏の平和研究は「平和学」とも呼ばれる。米国で第2次大戦後に始まったとされるが、ガルトゥング氏がオスロ国際平和研究所を創設して本格的に学問化した。日本でも広島、長崎などの大学や機関で学問分野として確立している。紛争地域や大災害の被災地での人道支援活動を行う非政府組織（NGO）の多くが、この学問を基本理念にしているともいえる。ガルトゥング氏は「平和＝戦争のない状態」という考えから転換し、武力による直接的な暴力に加え、貧困や抑圧、差別が社会に根差している場合の「構造的暴力」という概念を提起し、構造的暴力がない「積極的平和」を平和の概念として取り入れた。

――「冷戦構造」から抜け出して、大震災を機に日本人が覚醒するとしたら、どんな外交を目指すべきでしょうか。

「現代はグローバリズムではなく、地域主義の時代です。欧州連合（ＥＵ）、アフリカ連合（ＡＵ）、東南アジア諸国連合（ＡＳＥＡＮ）などが機能しています。そして、日本は東アジアの非軍事共同体の結成を目指すべきです。それは鳩山由紀夫元首相が唱えたような『さよなら米国』という発想ではありません。米国との良好な関係を維持しつつ、東アジア共同体をつくりあげることは可能です。日米関係の深化と、東アジアの非軍事共同体構想は両立するものでなければならないのです」

◆◆◆

２００９年、自民党から民主党への政権交代を受け発足した鳩山政権は、自民党政権による「対米従属関係」から脱し、オバマ政権との「対等な関係」構築を訴えたが、対米関係重視路線の変更と受け止められた。その象徴となったのが沖縄県・米軍普天間飛行場の移設をめぐる問題だった。鳩山政権は当初、日米合意事項だった県内移設ではなく、県外移設を掲げた。日米関係に代わって鳩山氏が重要視したのが東アジア共同体構想で、ＥＵ

がモデルとされる。しかし、こうした構想はその後、聞かれなくなった。

将来にわたる協力

――日本の新しい道を考えるときに、アジアで生まれた新しい芽をどう育てるべきなのでしょうか。東日本大震災ではアジアの国々から同情の念が寄せられ、対日観の変化が伝えられています。

「原爆の被害者であり、（植民地支配の）加害者でもある事実を受け止め、行動する指導者が日本に必要です。（南京大虐殺での殺害人数など）程度で議論があるかもしれませんが、悪いことをしたという自覚が前提となります。当然、加害者には、なぜその行為に及んだのか、その理由を伝える権利があります。被害者には、それに反論する権利があります。

被害者は、加害者の説明を理解しないかもしれない。だが、時間はかかるでしょうが、こうしたやりとりを通じて将来にわたる協力関係を築くことが重要です。それが未来志向のプロジェクトになってきます。大震災というショックに打ちのめされたとき、人間は意気消沈し、無気力になってしまうものです。でも、抱えているさまざまな問題を乗り越えるための試練ととらえることもできるはずです」
「太平洋戦争から見事に立ち直ったのと同様に、苦境を克服しようとする日本に称賛の気持ちを抱きます。力強い市民社会が被災者支援のために一つになり、女性やＮＧＯの活躍など社会全体の目覚ましい底上げをわれわれは目撃しているのです」

◆◆◆

ガルトゥング氏は中国、朝鮮半島の植民地支配の歴史があり傷を残す日本のアジアとの関係に目を向け、東日本大震災が日本人に迫る「進むべき道」についての自問は、日本と隣国との関係改善に向かうと予想する。実際、大震災後は中国や韓国から、歴史・領土問題を超越して、日本への共感が広がり新しい芽が生まれた。これを放置するのではなく、大切に育ててほしい。これがガルトゥング氏の願いだ。

［聞き手：伊藤仁志ジュネーブ支局長、写真：ディディエ・カサグランデ・契約フォトグラファー］

インタビューを終えて

ジュネーブ国際空港からほど近い農村地帯。スイス領からフランス領に入ってしばらく車を走らせると、一軒家の並ぶ住宅地が現れる。ヨハン・ガルトゥング氏はこの一角に住んでいる。「近所の人たちと日帰りでハイキングを楽しんだりしているんです」とうれしそうに話し、日本人の奥さんとスローライフを満喫している。夫婦のなれ初めを聞くと照れながら笑みを浮かべて説明してくれたが、話が「東日本大震災、原発、平和」といった本題に移ると、途端に眼光が鋭くなり、熱心に持論を展開した。

平和や紛争を大局的な見地から語る。これまで記者が出会ってきた何人ものNGO代表者らのパイオニア的な存在であるだけに、話に説得力があった。ガルトゥング氏は、貧困や差別がない「積極的平和」こそ、真の平和だと説いた。だが、貧困や差別の実体は複雑で、解消は難しい。今日でも、貧困や差別が原因となる犯罪、紛争は絶えない。

では、わたしたちは何をすればいいのか。インタビューを終え、のどかな風景のなか、帰りの車中で自問した。戦後の日本は驚異的な復興を果たし、先進国の仲間入りをした。

ただ一方で、戦前から続く「大日本帝国」の思想も心の中に残り、続く世代に引き継がれてきたことも確かだ。朝鮮半島、中国の隣人に対し、優越感を感じたまま、暮らしてこなかっただろうか。

阪神大震災で多くの国際支援が寄せられた際、医師団や救助隊などを受け入れる態勢が整わず、「支援することには慣れているが、支援されることには慣れていない」という声が国際社会から相次いだ。東日本大震災の際にも、記者が取材する国連関係者から同じことを何度も聞かされた。「先進国なのだから、自分たちでできるはずだ」という意識が根底にあったのかもしれない。

ガルトゥング氏には、「優越感」による差別意識を乗り越えなければ「積極的平和」の実現、つまり東アジアの本当の意味での「融和」はないとの考えがあるのだと思う。

アジアで日本のアニメ、J－POPが受け入れられ、人気が高いのと同様に、日本でも、韓流ドラマやK－POPと呼ばれる音楽に代表されるような韓国ブームがある。震災で手を差し伸べてきた隣国の文化を評価し、一方通行でない交流が深まっていくことが「融和」への第一歩になるような気がしてならない。

島の核廃棄物に問題が起きたら、なすすべがない

台湾・作家
シャマン・ラポガン
Syaman Rapongan

◆◆◆

1957年、台湾蘭嶼(らんしょ)生まれ。台東高校卒業後、先住民優先枠の推薦入学を潔しとせず、台北で浪人。80年、淡江大学フランス語科に一般枠で入学。卒業後、台北でタクシー運転手。台湾民主化の中で芽生えた少数民族運動の創生期の活動家となり、88年には蘭嶼の核廃棄物貯蔵所移転を要求する反核運動のリーダーに。89年に台湾本島から蘭嶼に戻り、タオ族の伝統的な舟造りや漁を学びながら創作活動。99年、国立清華大大学院(人類学)へ。2003年、修士号取得。


高校の頃の夢は、南太平洋の島々を流浪すること。

そのために英語を話せるようになりたいというのが大学進学の動機だった。

4年前に約2カ月をかけて、フィジーやクック諸島、タヒチなどを旅し、長年の夢を実現させた。

日焼けした顔、鋭い眼光、引き締まった身体。台湾南東部の離島、蘭嶼に住む先住民タオ族の漁民作家シャマン・ラポガン氏は海に生きる「海人（かいじん）」を自称し、毎日のように素潜りで魚を突く。魚を捕るかたわら、海と共に生きてきたタオ族の伝統的な暮らしを題材とした小説を書き続けてきた。台湾の少数民族運動と反核運動の創生期からの活動家として知られ、20年以上にわたって運動を続け、自然豊かな蘭嶼に建設された核廃棄物貯蔵所の移転を強く訴えてきた。日本の友人も多く、東日本大震災が起きたあと、ただちに見舞いの連絡をし、友人たちの無事を確認した。福島第1原発事故に心を痛め、東日本大震災は「人類に反省の機会を与えた」と重く受け止める。

なすすべがない

——東日本大震災が起きた2011年3月11日は、どうされていましたか。

「いつものようにトビウオ漁から戻ったあと、テレビニュースで大震災を知りました。津波が船、漁民、街を襲った映像が強く印象に残っています。皆、高い建物に逃げるだけで、なすすべもありませんでした。本当に恐ろしいと思いました」

「津波は台湾にも来ましたが、海底の地形の関係で弱まり、20センチ水位が上がっただけでした。もし、台湾の南にあるフィリピンのルソン島のほうから津波が来れば、この辺りはたいへんなことになるでしょう」

——福島第1原発の事故について、どう思いましたか。

「現在執筆中の半自伝的な小説『大海浮夢』では、米国がビキニ環礁、フランスがムルロア環礁で、核実験を繰り返し行ったことを取り上げました。弱者である周辺の島民たちは何の罪もないのに大きな被害を受けたのです。今回の日本の原発事故は、スリーマイル島原発事故よりもさらにひどいでしょう」

——台湾への放射能の影響を心配していますか。

「黒潮と親潮がぶつかり、放射性物質の汚染は東太平洋へ、米国近くまで広がったと聞きました。放射性物質の影響は長期にわたりますから、とても心配です。わたしたちが捕るトビウオやその他の魚類が汚染されるのか、まったく予想がつきません。ただ、わたしたちは逃げることも、その結果を選ぶこともできません」

◆◆◆

蘭嶼は台湾東部台東の南東約90キロの太平洋に浮かぶ離島。亜熱帯に属し面積45平方キロ。人口4300人の86%の3700人が先住の海洋民族タオ族で、残りは漢民族だ。タオ族は長年、トビウオ漁とイモ栽培で自給自足の生活をしてきた。いまだに魚市場は存在しない。島には多くのヤギが放し飼いにされ、とてものどかな雰囲気が漂う。海岸線は奇岩が美しく、海の透明度は高い。トビウオ漁には、手こぎ舟「タタラ」を使っていたが、最近は船外機付きのボートを使うことが多い。近年、観光業が盛んになり、ホテルや民宿、レストランや商店が増え、ダイビングショップやバーもできた。いやおうなしに流れ込む市場経済や科学技術など近代化の波により、島民の伝統的な暮らしは大きく変わりつつある。

1982年、島の南東部に台湾電力の核廃棄物貯蔵所が完成。90年代半ばまでにドラム缶で9万7672個の低レベル放射性廃棄物が運び込まれた。ラポガン氏ら地元住民による反対運動の結果、台湾電力は移転に同意したが、実施のめどは立っていない。

台湾では第1~第3原発の各2基、計6基が稼働し、全発電量の19・3%をまかなう。日本メーカーが原子炉など主要部分を供給し「日の丸原発」とも呼ばれる第4原発は1998年に建設が始まったものの、住民の反対などにより、完成していない。第1、第

2原発は台北から20キロ圏内にあり、福島原発の爆発後、万一の場合に住民を速やかに避難させることができるか、懸念の声が上がった。

◆◆◆

――科学技術は人類に進歩をもたらすとしてわれわれは受け入れてきました。科学技術についてどう考えたらよいのでしょうか。

「原発事故で汚染された土地は将来もずっと使えないでしょう。科学の進歩は人類に多くの利便性という幸福をもたらしました。コンピューターは計算が速く、飛行機に乗れば、どこへでも行けるようになりました。しかし、自然災害を防ぐことだけはできません。研究者は福島原発の事故も予測できませんでした。放射能汚染を一体どう解決するのでしょうか。原発の爆発は科学者にとても重い課題を与えました。自然環境も魚も逃げられません。原発事故は人類に反省の機会を与えました。

環境の破壊などによって傷つけられた大自然の魂は人類を恨んでいます。地震や津波は大自然が語る言語でしょう。不幸なことに、日本は大自然の反撃の対象になってしまったのです」

脱原発ドイツは聡明

――地震や津波が来たら、台湾の原発は安全なのでしょうか。

「台湾の政府はあてになりません。地震や津波から住民を避難させる策を持っているでしょうか。台湾の科学者は福島原発の技術者のような能力を持っているでしょうか。答えはいずれもノーです。政府はドイツやイタリアの脱原発の動きなど、意に介していません。多額の金を投資した第4原発の建設を続ける方針に変わりはないのです。ドイツ人はとても聡明で理性的だと思います。ただちに脱原発を決めました」

――福島原発の事故は海に生きる世界中の人々にも衝撃を与えました。

「福島原発には1987年に行ったことがあります。台湾電力がわれわれタオ族を視察に招待したのです。目的は、蘭嶼の核廃棄物貯蔵所は安全だ、と宣伝するためでした。福島原発のような事故がもし台湾で起きたら、われわれは何もできません。やり切れない思いです。蘭嶼の核廃棄物に問題が起きたら、島民はどうすればよいのでしょう」

ラポガン氏の予想通り、台湾の馬英九（マー・インチウ）総統（国民党）は福島原発の事故発生にもかかわらず、２０１１年11月、第４原発の商業運転を16年までに実現する新エネルギー政策を明らかにした。ただ稼働中の第１～第３原発は25年までで順次廃炉とし、原発への依存度は減らしていくという。一方で最大野党、民主進歩党の蔡英文（ツァイ・インウェン）主席は福島原発事故の直後、第４原発の商業運転は行わず、25年までに「脱原発」を実現する方針を発表しており、福島の事故は台湾でも原子力の今後をめぐる論争を巻き起こしている。

島に伝わる津波神話

――蘭嶼には津波の神話があると聞きました。

「その通りです。ある女が潮を汲みに行くと、海水はどんどんと引き続けた。その後、反対に大きな津波が押し寄せ、二つの山を残して蘭嶼のほとんどが水没してしまった。津波は９年間も続いて、多くの人が死んだ。老人がネズミのしっぽを持って祈ると、潮は引き始め、９年後に元の水位に戻ったという神話です。きっと昔、この島を大きな津波が襲ったのでしょう」

「蘭嶼の海の汚染が心配です。台湾の政府はタオ族をだまして核廃棄物を蘭嶼に置きました。島の人口は約４千人余りと少なく、抗議行動を指揮する知識人も少ないのです。わたしは貯蔵所移転のために努力を続けていますが、島民は危機感が非常に弱いのです」

——蘭嶼の伝統文化は今後どうなるのでしょうか。

「島の人々は、自らの伝統文化、生活環境をあまり重視していません。われわれの年齢より上の男は手こぎ舟を自分で造ることができます。舟造りには多くの文化的な内容、伝統や信仰、島の自然環境についての知識が必要です。しかし、近代化によってこれらも失われていく一方です。若者はモーターボートに乗り、夜の漁を怖がります。海と闘いつつも愛するという、海との親密な関係からはほど遠いのです」

海は自然の冷蔵庫

——海がもたらすものは何でしょうか。

「海は自然の冷蔵庫です。中には魚がいて腐ることはありません。われわれは自らの身体能力、経験と知識で海と友だちになり、そこから必要なものをもらいます。海の生産力を減らすことはありません。妻はサトイモやサツマイモを植え、できるだけ原初の食物を食べます。われわれが必要とする量はそう多くありません。底引き網で漁をすれば儲かるでしょうが、すべての国でそんな漁をすれば、魚はいなくなってしまうでしょう」

「わたしは小説で自然とともに生きるタオ族の伝統を描きました。伝統的なトビウオ漁は本当に美しい記憶です。作家としてその伝統を守っていこうと思います。わたし自身、そうした暮らしを続けています。年とともに体力も衰えてきましたが、やっぱり潜りたいのです。海には魚がいて、美しく豊かな情感や知識をくれるからです」

「主人公のロウニンアジが海底の世界を語る小説を近く発表したいと考えています。また、蘭嶼を舞台にして、祖父と孫の伝統と近代化をめぐる対立を描く作品を書こうとも思います」

◆◆◆

ラポガン氏は1980年代の台湾民主化のなかで、先住民の権利要求や反核の運動に参加。先住民運動の「出身集落へ戻れ」との呼びかけにより、台北から蘭嶼に帰り、自給自足の暮らしをしながら、小説や随筆を書き続けている。小説『黒い胸びれ』はトビウオ漁で生きるタオ族の伝統的な生活を描き、台湾内外で高く評価された。日本人の作家や中国文学研究者とも幅広く交流し、2010年9月には、「環境と文学」をテーマとした国際ペン東京大会に出席するために来日した。作家高樹のぶ子氏は蘭嶼でラポガン氏と海に潜った際におぼれかけた体験をもとに短編小説「四時五分の天気図」を執筆し、短編集『トモスイ』に収めた。

◆◆◆

――今後どのようにして蘭嶼の伝統を守るのですか。

「小説を通して台湾の人々に伝統や自然の大切さを教えたい。わたしが手作りの手こぎ舟でトビウオ漁をし、素潜りで魚を突く暮らしを続けていることを知らせることは、台湾にとってプラスの影響を持つと思います。わたしが代表を務めるタオ族文化保護基金会も、さまざまな活動を行っています」

――10年前に小説『黒い胸びれ』を発表した頃、あなたは現金収入が少なく、家族から台湾本島へ出稼ぎに行くように迫られていたそうですね。経済問題はその後解決しましたか。

「海洋科学技術研究センターの研究員の職を得て、少しはよくなりましたが、十分とはいえません。子どもたちは都会に住んでおり、教育費や仕送りがたいへんで、貯金はまったくありません」

［聞き手：森保裕論説委員、写真：京極恒太中国総局写真映像記者］

インタビューを終えて

海に生きる男の強さと、作家としての繊細さを兼ね備えた魅力的な人物だった。口ひげをたくわえ、束ねた長髪にしゃれた帽子をかぶるダンディズム。気配りを忘れないが、相手を緊張させない気さくな人柄。わたしとは同じ年に生まれたこともあって、初めて会って、すぐに打ち解けた。「女性にもてるでしょう」。海が見えるバーで二人でビールを飲んだときに聞いてみた。「昔はいろいろありました。妻が焼きもち焼きでね」と少し照れたように笑った。

海中で素潜り漁を撮影するため一緒に水深20～30メートルの海に入った。自らの浮力を難なく消し去り、すうーっと十数メートルほどを一気に潜水、岩陰でじっと動きを止めて、周囲をうかがう。忍者のような軟らかな身のこなし。海の中でどう動けば、体力を消耗せずに狙った獲物を捕れるか、知り尽くしていた。

漁を続けながらも、カメラマンとわたしの安全に気を配り、時折、海面で声をかけてくれる。透明度が高い離島の海。神秘的な「青の世界」で、わたしたちは「海人」の華麗な姿に見とれた。それは生活のための労働なのだが、どこか高貴で芸術的な美しさをたたえていた。

自ら木を切り出し、手作りした舟、タタラは白と赤で塗装され、船首には、伝統的な丸い模様が描かれていた。これは漁のとき、海上の天候や獲物を見通す「目」なのだ。ラポガン氏はタタラのつくり方や伝統的な漁の仕方、宗教的な約束事などタオ族の文化を25歳の長男に伝えたいと考えている。

蘭嶼の海で銛を手に獲物を探す
シャマン・ラポガン氏

母(マザー)なる自然(ネーチャー)のシグナルに目を凝らし、耳を傾けよう

タイ・映画監督
アピチャッポン・ウィーラセタクン

Apichatpong Weerasethakul

1970年、タイ・バンコク生まれ。

94年、タイ東北地方のコンケン大建築学科を卒業後、渡米。

シカゴ美術大で映画制作を学び、97年、修士号取得。

2000年の長編『真昼の不思議な物体』が海外で高い評価を受け、
04年の『トロピカル・マラディ』で同年のカンヌ映画祭審査員賞、
東京フィルメックス最優秀作品賞を受賞。

10年の『ブンミおじさん』（邦題『ブンミおじさんの森』）がカンヌ映画祭パルムドールに輝いた。

そのほかの作品に『ブリスフリー・ユアーズ』（2002年）、『世紀の光』（2006年）など。

東日本大震災で、世界は自然の持つ破壊力のすさまじさに息をのんだ。2010年のカンヌ国際映画祭で、タイ人として初めて同映画祭最高賞の「パルムドール」を受賞、「自然のなかの人間」を幻想的な映像で表現するアピチャッポン監督は、津波に押し流される家や車は「われわれの時代における物質喪失の象徴だ」と、映画監督らしい鋭い分析をした。そして「マザーネーチャー（母なる自然）が発するシグナルに目を凝らし、耳を傾けよう」と説く。

時に抱擁、時に破壊

――震災の発生をどうやって知りましたか。

「チェンマイの自宅にいて、インターネットのニュースサイトで知りました。最初はそんなに大きな地震だとは思わず、東京の友人にメールしたら『劇場にいる。大丈夫だ』という返事があったので、安心していました。翌日、福島で原発事故が起きたのを知りました。福島の近くにも友人がいたので心配しました」

――震災の映像を見て何を思いましたか。映画監督として、どのような視点で、繰り返し流れたあの映像を見たのでしょうか。

「最初はハリウッド映画のことを思い浮かべました。たいていの人はそうでしょうが、まさにハリウッド映画のワンシーンと見まがうようなすごい映像でしたからね。でも、すぐに、これは現実だと思い直しました。津波に流されていく家や車は映画のセットではなく、すべて現実。そこに住んでいる人、所有している人がいるのです。家にも車にも、現実世界に存在するすべての物体には、人間と関連した歴史があります。そう考えると、これは、われわれの時代における物質の喪失を象徴する事象ではないかと気がつきました。すべての物質はユースレス（役に立たない）。家や車が流されていく映像は、すべての物が自然の力のまえでは意味を失うことを白日の下にさらけ出したのです。

わたしはアートワークもやります。シンプルなオブジェが流されていく様子を想像しただけで、横っ面をはたかれ、目が覚めたような感覚に陥りました」

――自然の力のすさまじさにあらためて気づかされたということでしょうか。

「そう、まさに自然の力が目覚まし時計の役割を果たしたのです。人類は、日本人とかタイ人とか国籍に関係なく、村のような場所で共に生きているのです。東日本大震災という悲劇を通じて、自然は非常に重要なシグナルを地球規模で送ったのです。自然こそが最大のニュースメーカーなのだという、自然の持つ力にわたしは気づきました。

自然はつねにメッセージを送っています。人類が自然をどう受け止めるか、それが変化してきているので、メッセージを理解しにくくなっています。われわれは『母なる自然』と呼びますが、この母はさまざまなパーソナリティーを有しています。人々を温かく抱擁する理想的な母でありながら、時に怒り、破壊もするのです」

「自然という母の子どもたちであるわれわれが、今までお互いにいかに結びついているのか気づかなかったのです。100年前なら自然の破壊力を地球の裏側の人たちが瞬時に知るなどということはありえませんでした。でも今はインターネットで世界がつながっています。自然災害が触媒となって人々を結びつけた結果、世界中から日本へ支援が寄せられました。学校の教室がどんどんどんどん広がっていき、生徒が先生に話しかける声で教室が満たされていくようなイメージです」

◆◆◆

パルムドール受賞作『ブンミおじさん』はタイ東北地方が舞台。病に倒れた主人公の元に亡き妻の亡霊や、音信不通の息子がサルの姿で現れる幻想的な作品だ。精霊の世界へ続いているとされる緑深い森、朝もやの中をゆったりと進む水牛……。豊かな自然に彩られたシーンが印象的だ。

伝えられること

――自然との共生についてどう考えますか。

「わたし自身、自然と共生しているとは思いません。だからこそ、自然の息吹きを感じるためにロケ撮影に出るのです。ロケに出るたびに、ここそわれわれがやって来た場所だと実感します。

わたしの映画では、いつも主人公が自然に帰ります。人間は以前は、自然とコミュニケートできたと信じています。ある映画では、主人公が『われわれは昔は鳥が何を言っているのか理解できたが、今はできない』と語ります。わたしは鳥と話ができた時代に戻ろうと言っているわけではありません。過去に戻ることはできませんが、自然がわれわれ共通の家だったことは認識すべきです。自然を尊重しなくてはなりません」

「大都市であるバンコクにもかつて住んでいました。都市に住む人は自然の恵みにもっと感謝すべきです。都市で消費する製品のすべては自然から来ていて、それがいかに貴重なものか理解しなければなりません。どう使い、どうリサイクルするかにもっと意識を集中させることが必要です。

バンコクのような都市に住む多くの人が地方の出身者です。彼らは自然の恵みを知っているのですが、困窮生活を強いられるために、自然との結びつきを体現できないでいます。そこに政府の大きな役割があると思うのです」

――日本は経済成長の過程で自然を破壊してきました。タイなど新興国が日本から学ぶべき教訓はありますか。

「日本の成長のネガティブな側面など、過去の失敗から学ぶのは正直難しい。経済成長の途上にあるとき、人々は興奮し、居心地のよさを追い求めます。自然がどのように破壊されたかなど、あまり気にかけません。成長は人を盲目にさせがちです。もちろん、教育を通じて目を開かせることはできますが、世界とはこんなもの、おいそれとは変わらないという意識を変えさせるのは難しいでしょう」

「日本人の環境意識には感心します。日本には、効果的なリサイクルシステムがあり、ごみのリサイクル一つ取っても社会の隅々まで浸透していますが、タイでは成功していません。意識の高さがどうやったら身に付くのか、日本は第三世界に伝えることができます。でも同時に、日本は電子機器のごみなどを他国に輸出し、汚染をつくり出してもいます。第三世界だけでなく、第一世界も学ばなければならないのです」

特撮やコンピューター・グラフィックス（ＣＧ）を駆使するハリウッド映画と違い、監督の作品は人と自然を丁寧に追うカメラワークが中心だ。パルムドールを受賞したときのカンヌ映画祭審査委員長を務めたティム・バートン監督は「世の中が西欧的、ハリウッド的に染まるなか、ものの見方がまるで違う世界もあるということを教えてくれた」と評した。

本物の価値

――映画の世界がそうであるように、社会経済システムでも、アジアは新たな発展モデルを提示することができると思いませんか。

「リーマン・ショックは起こるべくして起きたのだと思います。格差や不平等を放置してきたからです。不平等問題は世界中に存在し、社会経済の発展において人を最優先する自由な思想が確立するまでは、この問題は解決しないでしょう」

「中国の例を見れば分かるように、経済発展は早期に達成できますが、同時に、非常に大きな人権問題というものを抱えたままです。経済発展は人々の生活をよくしますが、タイでは発展の恩恵を受けられる人と、受けられない人の間で対立が強まり、流血の事態になっています。経済発展は人々にとって必要だが、苦い薬と言うことができるでしょう」

——欧米の資本主義システムが行き詰まりを見せるなか、中国の国家資本主義が今後のモデルになりうるという考え方もあります。

「中国の道をたどらないでほしいというのがわたしの願いです。人権や自由の価値は第一世界の概念ですが、とても自然なものです。そこには本当の価値があります。中国は別の道を進んでいますが、大きな代償を払うでしょう。モデルにはなりえない移行期のシステムと言うべきで、少なくとも持続可能なシステムではありません。人権や自由という自然な価値を求める人々の力がいつか示され、中国も変わらざるをえなくなるでしょう。いくら強大な政府でも、人々の望みを抑圧し続けることはできないのです」

アピチャッポン監督は、大震災の被災地へのメッセージとして3分11秒の短編映画を制作しようという、日本の河瀬直美監督の呼びかけに応じた。これとは別に、震災後の日本の変化に焦点を当てる作品ができないかと考えている。

◆◆◆

——あれだけの被害を受けながらパニックにならず、整然と行動する日本人に世界中から称賛が寄せられました。一方で、福島第1原発事故では、政府のひどい対応に、日本人はなぜ怒らないのかと批判の声もあります。日本人の行動、反応をどう思いますか。

「日本人の友人も多いので、震災後の日本人の整然とした行動に驚きはしませんでした。日本人は自分たちの社会に、そしてお互いに対して敬意を払うことを知っている質の高い人たちです。一方で、というよりは、それだからこそ、従順さのレベルが日本では非常に高いと思います。じつはタイも同じで、タイ人は政府や権威に対して従順です。我慢し、政府を信頼しなければならないと考えるのです」

「日本人の友人から『福島の原発事故で政府が、漏れた放射性物質のレベルに関して嘘をついている。事態の重大性を隠蔽している』というメールが来ました。それが本当なら怒るのは当然です。でも、社会的なパニックなどを考えると、すべてを開示すればいいものかどうかは分かりません。個人がそれを受け入れる用意ができているのかどうかにかかっています。いずれにせよ、日本以外の国であれだけの災害、事故が起きれば、もっとひどい結果になっていたことは間違いありません。

ただ、従順さに居心地の悪さを感じている日本人の友人がたくさんいるのも事実です。彼らは日本に暮らすことを抑圧的と感じ始めているようです。互いを尊重し合い、いつも列に並び、豊かな文化を持つ人たちがなぜ窒息しそうだと感じるのか、わたしには理解できません。従順な社会がどのように変わっていくのか。表層だけでなく、より深く理解するために、このテーマで作品を撮ってみたいと思います」

――被災者に寄り添うような作品になりますか。

「被災者がどんな思いで毎日を送っているのか、映画監督としては興味はありますが、被災者にとっては非常にデリケートな問題です。今撮ろうとは思いません。復興にはそこに住む人々の意思を聞くことがもっとも大事です。ローカル・コミュニティーが関与しなければ、どんな復興にも意味はありません。そのことを忘れないでほしい」

――監督にとって映画とは何ですか。

「映画をつくるときは、世界を自分がどうとらえているのかを見つけるように心がけています。自分自身の居場所みたいなものを確認する作業です。この一瞬に何を感じるか。この土地に対してどんな気持ちを抱くのか。非常に個人的な思いを表現する場になります」

［聞き手：沢井俊光バンコク支局長、写真：浮ケ谷泰・契約フォトグラファー］

インタビューを終えて

アピチャッポン監督は、タイ北部の中心都市チェンマイの市街地から車で20分ほどの場所にある一軒家に、「パートナー」と呼ぶ男性、数匹の犬と共に暮らす。周囲は鬱蒼（うっそう）とした緑に覆われ、映画のセットとしてもすぐに使えそうだ。

「バンコクにも住んでいたけど、チェンマイのほうがイマジネーション、インスピレーションが得られて、より深く考えることができるんですよ。子どもの頃、東北地方コンケンの小さな町で育ったので、大都会よりも田舎のスローペースのほうが性に合っているのかもしれません」と、笑顔で話してくれた。

監督の作品はストーリー性やメッセージ性を強く打ち出したものではない。だが、その映像は新鮮で、観る者の瞼（まぶた）の裏に長く焼き付く。初期の作品『ブリスフリー・ユアーズ』に、タイで働くミャンマー人不法移民の青年と、彼を慕うタイ人女性が山の中を流れる小川で戯れるシーンがあるが、思い出すたびにどきどきさせられる。

演出や技巧に頼らず、カメラワークだけで人と自然を表現するのは、映画が持つ危険な力を認識しているからだと言う。

「ナチスが利用したように、映画そのものにプロパガンダの道具としての力があります。それは、観る者に誤った印象を与える危険な力です。わたしの作品の特徴は、自由な解釈が可能ということ。観客が個々の経験に基づいて、さまざまな角度から観ることができるというのが、わたしの映画の強みだと思っています」

東日本大震災の被災者の日常を撮るつもりはありますかと聞いたときも、「被災者のイメージというのができあがってしまっているので、プロパガンダやセンセーショナルなものになりやすい」と懸念を口にした。

インタビュー中、「自由」という言葉が繰り返し出てきた。「自由な発想」「自由な解釈」「自由と人権」……。「中国のシステムは21世紀のモデルになりえない」と強調したのも、「自由」こそ最も尊重すべき価値との信念からだろう。

タイ政府が映画の検閲を強化しようとしたときは、抗議の街頭デモの先頭に立った。温和で柔らかな立ち居振る舞い、作品に漂う静けさからはあまり想像できないが、監督の本質は「自由の闘士」なのだ。

［解説］世界から、そして世界へ

加藤典洋

1 震災・原発・インターネット

昨2011年3月11日に起こった東日本大震災、大津波、福島第1原発事故の三重災害は、日本国内だけでなく、広く世界に、大きな衝撃を与え、深い同情と哀悼の気持ちを呼び起こした。

一つの理由は、それが未曾有の原発災害をともなったことである。4基同時の原発事故での放射能の大気汚染、海洋汚染は、1986年4月のチェルノブイリ原発事故をしのごうというほどの深刻さを示して世界の人々を不安に陥れた。科学技術でトップ水準と安全性を誇っていた日本の原発が地震、津波による重大事故と放射能汚染を防げなかった。そのことの衝撃は大きく、脱原発に舵を切ったドイツ、イタリア、スイスをはじめ、欧米先進諸国の多くに動揺が走った。それは今後、世界のエネルギー政策全般に甚大な影響を与えずにはいない、史上最大級の原発災害として受けとめられた。

けれども、もう一つ理由として挙げられるのは、インターネットに代表される世界規模の通信網のこの間のめざましい拡大と進化である。インターネットが世界を覆うようになるのが、ほんの15年ほど前の1990年代後半から2000年代にかけてのこと。さらに、そのありようを革命的に更新する映像投稿サイトYouTubeが始まるのが2005年、ソーシャル・ネットワークfacebookが世界中に爆発的に広まりだすのが2006年、短文メッセージ投稿サイトTwitterが世に現れるのが、2008年である。今回の日本の大震災、大津波、原発事故は、こうしたほんの数年前に出現したビジュアルで多孔質的な「直接型」インターネット通信網の出現によって、アフリカ、極地などを除く世界のほぼ全域に、大津波の暴威、原発の爆発の圧倒的な迫真的映像と人々の心の琴線にふれる細部の報道を共にもたらす形で伝えられた。そして一挙に、世界の人々を震撼させ、その心を揺さぶったのである。

わたしのことを言うと、じつはこの大震災・津波・原発事故を、米合衆国カリフォルニア州の小さな美しい町サンタバーバラでのサバティカル休暇滞在中に知った。そのとき、異国の地でテレビのブラウン管、パソコンのモニター画面を通じ、故国の惨状を目にしておぼえた、えも言われない悲哀と、どこからくるともしれない痛恨の思いは、別に書いたので、繰り返さない。けれども、このできごとが、自分たちと地続きのただならぬできごととして、異国の人々に受けとられているさまは、地球の裏側にあってありありと、肌で感じた。そしてそのことはやはりわたしに強い印象を残した。

翌日、午前8時過ぎ、中西部に住む米国の友人からメールが入り、東日本大震災の津波が、もうすぐサンタバーバラにも到着するので気をつけてと言われた。その波は、20センチの高さで、サンタバーバラのわたしの住まいから見える海辺にも届いた。しかし、目に見えないままに、不可視のもの――放射能とインターネットの通信電波――が、人々を動かし、「世界を一つ」にした、それが今回のできごとの最大の特徴だったのではないだろうか。

本書は、その震災、災害に際し、共同通信が政治家、知識人、活動家など多岐にわたる分野の世界の識者に行った連続インタビューを、紙数制限から自由にいわば本来の姿に復元して単行本としたものである。一読、時宜にかなった、日本のメディアにしか行えない、国際的レベルの第一級の仕事であるとわかる。じつに多くの考えるヒントに充ちているが、それだけではない。「世界」の息吹き、「人間」の息吹き。じつに読み物としても面白いことに、読者は気づかれるだろう。

収められた17のインタビューには、話者の人物紹介から、インタビュー時の風貌、機微に充ちたやりとりの妙のほか、インタビューを終えた各取材者の感想が記されている。察するところ、これらのインタビューは、震災からの復旧のメドも立たず、原発事故の帰趨も今後に予断を許さないなかで発案され、その後時をおかず、「取るものもとりあえず」に実行されたのだろう。元首相、元閣僚の政治家から、環境運動家、思想家、映画作家、僧侶、詩人まで。米国カリフォルニア州のサンフランシスコ郊外スタンフォード、中西部ミネソタ州ミネアポリスに始まり、ベネチアの小路、フランスのスイス国境に近い農村地帯、台湾の離島蘭嶼、果てはケニアまでと、人選は多岐にわたり、取材地は千差万別である。記者が世界各地に飛んでいる。取材交渉も、取材班メンバーそれぞれの個人的関心、問題意識、人脈、得意の主題の周辺などに従ってこもごも行われている。インタビュイーにも緊急の取材打診に応えようという呼応する気分があり、両者の感応、その熱気が行間から伝わってくる。

何よりも、取材された世界の識者のだれもが、日本の大震災、津波被害、原発災害を、わがこととして、世界全体が立ち向かうべき試練として、また大事な隣人を襲った不幸として受けとめている。そこから発せられる言葉が多くの示唆に富むだけでなく、人間的な生彩を湛えている。読んでいてわたしは、いろんな意味で、深く動かされた。

2◆◆◆言葉のパッチワーク

いくつかのことが強く心に残った。

一つは、世界の識者といわれる人々が、じつにさまざまな境遇からこのインタビューの場にやってきていること。パッチワークだとすれば、何とめくるめく端切れの組み合わせで作られたキルトであることだろう。世界の片隅に生を享け、さまざまな試練をくぐり、今、ここにいる。インドで「核ミサイルの父」と呼ばれるアブドル・カラム前大統領は、「電燈もない貧しい家に生まれ、毎朝4時に起きて新聞配達をしながら」学んだ。数学が得意で工科大に進み、「1998年の核実験でも中枢の役割を担」う。一方、在任中に脱原発に舵を切り、イラク戦争の際に米国に反対を貫いたゲアハルト・シュレーダー・ドイツ前首相は、「生後半年で父親が戦死し、金物店の見習いをしながら定時制学校に通」う。大学で法律を学んだのち、「工事現場で働きながら弁護士に」なり、政治の世界に入った。『想像の共同体』で国民観念の人為性に光をあてた政治学者ベネディクト・アンダーソンはどうか。アイルランドの血を引き、72年にはスハルト批判でインドネシアから退去処分。ケンブリッジ大を出、アメリカの名門校で教えるが、米国に「なじ」まず、インタビュー中も「禁煙が主流の知の世界」にあって例外的に「タバコをスパスパと気持ちよく吸」っている。自然保護のリーダーとして知られるマリナ・シルバ元ブラジル環境相。彼女はブラジルの「貧しい家庭に育ち」、「16歳まで読み書きができ」なかった。「メードをしながら教育を受け」、94年「女性で史上最年少の上院議員」、2003年、環境相に就任し、辞任後、10年には政党の後ろ盾なしに大統領選に出馬して、第3位となる。イタリアの政治哲学者アントニオ・ネグリ。彼はよく知られているように、最左翼集団「赤い旅団」の思想的リーダーとされ、79年に逮捕、獄中からイタリア議会選に立候補して当選、議員の不拘束特権を利用して釈放後、亡命、その後、帰国して収監。そんななか執筆した共著『帝国』で世に名高い。

そういう人々が、2011年3月に日本が被った未曾有の厄災に心を動かし、「インタビューしたいと東京からメールを送ると」、たちまち、「フクシマの問題は重要だから、すぐに来い」とイタリアから返事してきた［ネグリ］。育ってきた背景、社会、考え方こそ違え、さまざまな人生の経験に裏打ちされ、過酷な現実を幾度となくくぐり抜けて来た言葉は、魅力的である。でも、魅力的とはどういうことか。その叡智は、たとえそれがこれまで何度も耳にしてきた「凡百」の意見と「内容として」同じだとしても、彼らの口から語られると、違うように聞こえ、「えっ」とわたしたちを立ち止まらせる。「待って」とわたしたちを呼び止め、もう一度、はじめから考えを辿りなおさせる。その言葉を、吟味、熟考させる。

3◆◆◆総体的と、実存的と

事実わたしは、この本を読んで原発の問題をどう考えればよいのか、何度も、繰り返し、再考させられた。その骨格を、こんなふうに言ってみることができる。

原子力エネルギーをどう考えればよいのか。

シュレーダー前ドイツ首相が、脱原発へと舵を切ったのは、「原発はミスに寛容ではない」と考えたからである。しかし同時に、雇用・社会保障の構造改革、増税も打ち出し、「支持基盤の労組などから反発を招いた」。「ドイツ産業の弱体化」を避ける必要もあり、辛抱強い産業界との交渉を要したのである。ほかに廃棄物の問題もあった。米国でも「いまだに処分方法が決まっていないと、ウォルター・モンデール米元副大統領も言う。また、そこには、米国の環境思想家であるレスター・ブラウンが、今や、経済的にコストがかかり事故のリスクを抱えた原発への出資に「世界の投資家が二の足を踏んでいる」ため、「世界の原子力開発は停滞してい」ると指摘する、経済的な観点からする原発からの市場の離反という興味深い問題も併存している。

これに対し、他方で、「日本は長期的に考えると、一定程度は原子力発電を使わざるをえない」のではないか、「もっと新しい、安全な技術がある」、「監督体制も変えて、原子力産業をしっかりとコントロールできるようになれば、今回のような大災害でも耐えしのげる原発を持つことができる」と述べる米国の政治思想家フランシス・フクヤマのような意見がある。チェルノブイリ原発事故で情報公開を主張し、その恐ろしさをだれよりも知るシェワルナゼソ連元外相も、「原子力より優れた〔エネルギー確保の〕方法は今のところない」と断言する。

また、その双方の主張の外縁には、より強烈な原発否定論として、「原子力は国家の形を変えてしまう一種の怪物」だという「原子力国家」論〔ネグリ〕があり、より明確な肯定論として、「科学技術に不可能はない」、日本なら「地震と津波に対応できる原発も設計できる」とする科学技術に全幅の信を置く科学者出身政治家の言明［カラム］がある。わたしたちは一見するところ、考えることに事欠かない。どのようにも考えられる、という気になる。

でも、ここからわかることが一つある。それは、原発をどうするかという問題はすぐれて一社会にとって政治、経済、倫理を網羅した、総体的で、また、実存的な問いなのではないかということだ。総体的とは、原発は、それに答えるのに、すべての要素を考慮に入れなければならない、ということだ。政治、軍備の問題から経済、環境、生活基盤の問題、また倫理と自然の問題まで。この問題は、現在、社会のすべての要素に左右されると同時に、すべての要素に影響を与える無比の「総体性」をもっている。また、実存的というのは、原発は、それをもつ社会にとって、イエスと言うか、ノーと言うかで、答える社会の今後を、根本的に変えてしまう問題だということだ。わたしたちは、そのことをわかったうえで、この将来を決定する重大な態度決定を行わなければならないのである。

それにしては、現在の日本の原発の是非をめぐる議論は、脱原発か原発維持・推進かという、政策論だけの問題、しかも、双方ともに合意への努力を欠いた二項対立図式の議論にはなっていないだろうか。フクヤマのように原発維持・推進のためにより強力な政治制度の確立が必要だと考えるなら、原発推進派こそ、現状の原子力既得権益共同体のあり方の徹底的な解体と、事故にいたった事故隠蔽体質の改革とを目指さなければならない。そして、そういう主張が現れれば、脱原発論との間に共通した論議の場も生まれるはずである。しかし、日本にそのような原発推進論は一つとして聞かれない。

一方、脱原発の主張も、シュレーダーにおけるように、社会の安定と経済的成長への目配りがそこでは特に重要とされなければならない。その主張は、相手との間に何らかの妥協点を見出さなければ、実現されない新提案だからである。たとえば、節電技術、再生代替エネルギー、非原子力エネルギーの開発という低資源消費・低廃棄物排出の方向は、産業構造の未来に向けた前向きの展開なのだということなどが、もっと脱原発派から強調される必要がある。しかし、そういう対話と協調に目を向けた論点はまだまだ脱原発の論理の中核とはなっていない。逆にそうした議論は、軟弱な敵方への歩み寄りと見られている。

なぜ日本の社会では、この種の本格的な論議が、起こらないのだろうか。むろん、ベネディクト・アンダーソンが述べる「官僚や大企業に近すぎる」「メディアの問題」も、ここに関わるだろう。でも、本書のインタビューを読んで、もう一つ、わたしの念頭にやってくるのは、もしそうした「論戦」の場が与えられたと仮定した場合、そこで日本の識者たちは、何をどう、語るのだろうかという、その先にくる問題である。この本に収められたインタビューの言葉の、何と単純で、生き生きとしていることか。なぜ、そういう印象が届くのか。答えは簡単だ。そういう率直な力強い発言に、日本ではなかなか出会えないからである。

4 世界にどう語るのか

わたしに見えてくるのは、彼らの世界に向けた関心が、彼ら自身の個の生き方とぴったり、自然体で、結びついているというそのさまだ。

考えてもみよう。ここには、国でいえば、イタリア、アイルランド、ペルー、米国、ノルウェー、ドイツ、グルジア、インド、ブラジル、ケニア、タイ、台湾、ミャンマー、韓国という社会体制も経済状況もさまざまに異なる14の国・地域の、多彩な背景をもつ元政治家、政治思想家、環境運動家、文学者、映画作家、僧侶などが、自然と原子力に関わる大災害に見舞われた日本と日本人について、心を砕き、語る言葉がある。けれども、もし今、（日本ではなく）世界の裏側にあるいずれかの国で、もう一度チェルノブイリ級の原発災害と大地震、大津波が起こったとしよう。そしてその国のメディアが、日本の識者に、そのことについてのインタビューを求めてきたとしよう。その場合、日本人の彼は、彼女は、何をどう、どのような言葉で、語るのか。

この仮定は、現に日本でこれだけの未曾有の大災害が起こって、どれだけの日本の識者が、自国と世界の運命について、外国のメディアから感想を求められ、それに答え、相手の心にずしりと残るようなメッセージを発することができたか、ということをも考えさせる。

そのような例は、皆無ではない。しかしわたしたちが知るように、そう多くはない。むしろ少ない。

どれだけの日本の言論人、日本の人が、自分の生き方と、現在の世界のあり方とを直接に結ぶ、そのようなあり方を自分の流儀として生きているだろうか。わたしが言うのは、もし1メートルの物差しがあるとしたら、どれだけの人が日本で、一方の端のゼロぎりぎりのところと、他方の端の1メートルギリギリのところの二つを含んで、両手を広げ、自然体で、両端を手に、考えているだろうか、ということである。中間の20センチから他方の80センチくらいのところ、日本の社会や政治や経済、文化にあたるあたりを詳しく、深く、考えている人が大半なのではないだろうか。

日本の言論は、自分に見えない世界の人々への共感と、また社会から見えない自分の内奥のささやかでちっぽけな感情への顧慮の部分で、欠けている。萎れている。

みんなが似たところにスポットライトを向け、一方、両端が、暗い。そういうことを、この本に収められた特にアジアとラテンアメリカ、アフリカの政治家、運動家、僧侶、芸術家たちのインタビューから、わたしは、感じる。

たとえば、先にもふれたが16歳まで「読み書き」ができなかったブラジルのマリナ・シルバ。彼女は、アマゾンの密林の作り出す酸素にふれて、「人類は〝全能〟ではない、「自然との共存に向け、人類は新たな歩き方を考え出さなければならない」と言う。ケニアで生まれ、米国の大学で学んだのち帰国し、前政権下で何度も投獄されながら環境保護運動を行った故ワンガリ・マータイも、「自然との共生」について語る。台湾の蘭嶼（ランユイ島）に居住し自給自足の生活をしながら核貯蔵施設の撤去を訴える小説家シャマン・ラポガンは、夜の海について話し、「海は冷蔵庫です。中には魚がいて腐ることはありません」と話す。

――じつは、わたしはもう20年以上前、少数民族アミ族の暮らす、ラポガンの住む台湾の離島、蘭嶼を訪れたことがある。海に向かったなだらかな斜面に天然の芝が広がり、台風を避けるように穴居的住居と丘の上の涼み台がある。この「懐かしさ」は何だろうと、心が震えた。核廃棄物貯蔵施設があり、不審に思い、そこをも訪れた。それで、彼の言うことが少しばかりはわかる。

日本にも「自然への畏れ」を言う人は多い。けれどももはや自然から切り離された人が語る「自然への畏れ」には、しばしばある種のがらんどう感があるのではないか。そしてそこには、現代社会に対する呪詛が秘められている場合が多いのではないか。しかし、そうした呪詛は、現に自然とつながって生きている人々の語る「自然」の語に、たえて感じられないものである。マータイは、自分は「現実主義者」なのでたとえば「米国の原発を全部なくそう」などと言うつもりはない、「原発の恩恵を得ている国の政府に脱原発を説くには、デモをするだけでは足りない」と述べて、エネルギー源の多様化が大事だと述べている。「頻発する停電」など、ケニアでは日常茶飯事だとも言う。

また、日本で聞かれるのは、いつも、世界の中で日本はどう進むべきか、という言葉である。「世界をどうするか」ではなく、「世界はどうなるか」。そしてそのうえで、そこで「日本はどうするか」と、そう問われる。世界はテーブルのような存在で、その上に日本というリンゴが置いてある。そこでは、テーブルは当然視され、考慮の範囲から度外視されている場合がほとんどである。

しかし、そうした世界への問いかけなしに、資源、環境、食糧といった有限性の問題が、そのまま各地域、各国の問題に直結するようになってきている現在の課題に、答えられるものだろうか。そう考えてみると、たとえば、ノルウェーの平和学創設者ヨハン・ガルトゥングの次のような言葉が、ちょうど日本の議論に欠けたものであることがわかる。

ガルトゥングは、今度の三重の災害は日本に「二つの意味で『大転換』をもたらす」と予想する。「一つは世界的な潮流にもなりうる脱原発。もう一つは、東アジアの中国、朝鮮半島との融和」である。ただし、日本をどうするか、の関心からそう言うのではない。世界というテーブルをどうするか、がここでの彼の立場なのだ。彼は言う。日本は対米関係をもはや（テーブルとして）自明視するのではなく、見直すところに進むのがよいだろう。その場合のカギは、「日米関係の深化と、東アジアの非軍事的共同体構想」の「両立」である。「さよなら米国」はダメである。また、カギのもう一つは、「優越感」を捨て、率直にアジア隣国と向かいあうことである。戦争で自国の行った悪については「悪いことをしたという自覚」に立って「なぜその行為に及んだか、その理由を伝える」ことが、大事だ――。

一見、国内の議論と似ている。しかし、このガルトゥングの主張をささえる政治勢力が日本には形成されていないことに、だれもが気づくだろう。率直にアジア隣国の前に立ち、今回の原発事故をその信頼回復の第一歩とする。日本の将来について考えるには、一度日本という足場を取り去り、世界の問題と正面から向きあわなければならない。

その考え方には、そう私たちを説得する、快い異質さが充ちている。

このインタビュー集を作っているのは、こうした豊かな示唆であり、ヒントであり、また話者の魅力とその背後にひろがる未知のものの気配——世界の人々と日本人の間の「心」のゆきかいである。それを可能にしたのは、世界の前に、昨年の3月に日本を襲った三重の災害に対して日本人と日本の社会が示した、すばらしく、そしてむごたらしい、勇気と沈着に充ち、また無責任きわまりない、双面の姿ではないだろうか。ここに掲載された19人の人の近影を一人一人眺めていくと、世界の息遣いを感じる。世界は鼓動を打っている。わたしたちは耳を澄ますが、それは、わたしたち自身の鼓動でもある。

世界が日本のことを考えている
3・11後の文明を問う——17賢人のメッセージ

二〇一二年三月五日 初版印刷　二〇一二年三月三十日 初版発行

編著者✦
共同通信社取材班

解説✦
加藤典洋

編集✦
木村隆司［木村企画室］

装幀✦
日下充典

本文デザイン✦
KUSAKAHOUSE

発行者✦
北山理子

発行所✦
株式会社太郎次郎社エディタス
東京都文京区本郷四-三-四-三階　郵便番号一一三-〇〇三三
電話〇三-三八一五-〇六〇五　FAX〇三-三八一五-〇六九八
http://www.tarojiro.co.jp/電子メールtarojiro@tarojiro.co.jp

印刷・製本✦
大日本印刷

定価：カバーに表示してあります
ISBN978-4-8118-0754-6 C0036 © 2012, Printed in Japan